全国"七五"普法系列教材
QUANGUO QIWU PUFA XILIE JIAOCAI

领导干部
学法用法读本
（最新修订版）

中国社会科学院法学研究所法治宣传教育与公法研究中心◎组织编写

总顾问：张苏军

总主编：李　林　　本册主编：莫纪宏　陈百顺

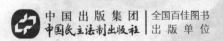

中国出版集团
中国民主法制出版社

全国百佳图书
出版单位

图书在版编目（CIP）数据

领导干部学法用法读本：以案释法版 / 中国社科院法学研究所法治宣传教育与公法研究中心组织编写. --北京：中国民主法制出版社，2016.6（2018.3 重印）

全国"七五"普法系列教材

ISBN 978-7-5162-1202-8

Ⅰ．①领… Ⅱ．①中… Ⅲ．①法律－中国－干部教育－学习参考资料

Ⅳ．①D92

中国版本图书馆CIP数据核字(2016)第119700号

所有权利保留。

未经许可，不得以任何方式使用。

责任编辑 / 严月仙

装帧设计 / 郑文娟　陈明永

书　　　名 / 领导干部学法用法读本（以案释法版）

作　　　者 / 中国社科院法学研究所法治宣传教育与公法研究中心

出版·发行 / 中国民主法制出版社

社　　　址 / 北京市丰台区右安门外玉林里7号（100069）

电　　　话 / 010-62155988

传　　　真 / 010-62168123

经　　　销 / 新华书店

开　　　本 / 16开　710mm×1000mm

印　　　张 / 12

字　　　数 / 211千字

版　　　本 / 2016年6月第1版　2018年3月第4次印刷

印　　　刷 / 北京精乐翔印刷有限公司

书　　　号 / ISBN 978-7-5162-1202-8

定　　　价 / 38.00元

丛书编委会名单

总　序

搞好法治宣传教育
营造良好法治氛围

　　全面推进依法治国，是夺取新时代中国特色社会主义伟大胜利，努力建设法治中国的必然要求和重要保障，事关党执政兴国、人民幸福安康、国家长治久安。

　　我们党长期重视依法治国，特别是党的十八大以来，以习近平同志为核心的党中央对全面依法治国作出了重要部署，对法治宣传教育提出了新的更高要求，明确了法治宣传教育的基本定位、重大任务和重要措施。十八届三中全会要求"健全社会普法教育机制"；十八届四中全会要求"坚持把全民普法和守法作为依法治国的长期基础性工作，深入开展法治宣传教育"；十八届五中全会要求"弘扬社会主义法治精神，增强全社会特别是公职人员尊法学法守法用法观念，在全社会形成良好法治氛围和法治习惯"；十八届六中全会要求"党的各级组织和领导干部必须在宪法法律范围内活动，决不能以言代法、以权压法、徇私枉法"。党的十九大明确提出，"加大全民普法力度，建设社会主义法治文化，树立宪法法律至上、法律面前人人平等的法治理念"。习近平同志多次强调，领导干部要做尊法学法守法用法的模范。法治宣传教育要创新形式、注重实效，为我们做好工作提供了根本遵循。

　　当前，我国正处于全面建成小康社会的决胜阶段，依法治国在党和国家工作全局中的地位更加突出，严格执法、公正司法的要求越来越高，维护社会公平正义的责任越来越大。按照全面依法治国新要求，深入开展法治宣传教育，充分发挥法治宣传教育在全面依法治国中的基础作用，推动全社会树立法治意识，为"十三五"时期经济社会发展营造良好法治环境，为实现"两个一百年"奋斗目标和中华民族伟大复兴的中国梦作出新贡献，责任重大、意义重大。

　　为深入贯彻党的十八大和十八届历次全会、十九大和十九届　中全会精神和习近平新时代中国特色社会主义思想，深入扎实地做好"七五"普法工作，中国社会科学院法学研究所联合中国民主法制出版社，经过反复研究、精心准备，特组织国内从事法律教学、研究和实务的专家学者，在新一轮的五年普法规划实施期间，郑重推出"全面推进依法治国精品书库（六大系列）"，即《全国"七五"普法系列教材（以案释法版，24册）》《青少年法治教育系列教材（法治实践版，30册）》《新时期法治宣传教育工作理论与实务丛书（30册）》《"谁执法谁普法"系列丛书（以案释法版，80册）》《"七五"普法书架——以案释法系列丛书（60册）》和《"谁执法谁普法"系列宣传册（漫画故事版，100册）》。六套丛书均注重采取宣讲要点、以案释法、图文并茂、通俗易懂的形式，紧紧围绕普法宣传的重点、法律规定的要点、群众关注的焦点、社会关注的热点、司法实践的难点，结合普法学习、法律运用和司法实践进行了全面阐释。丛书涵盖了中国特色社会主义法律体系的方方面面，系统收录了各类法律法规和规章，筛选了涉及经济、政治、文化、社会和生态文明建设的各类典型案例，清晰展现了法律教学研究和司法工作的生动实践，同时兼顾了领导干部、青少年学生、工人和农民等不同普法对象的学习需求，具有很强的实用性和操作性，对于普法学习、法学研究和司法实务均具有较好的参考价值。

丛书的出版，有助于广大公民深入学习中央关于全面推进依法治国的战略布局，系统掌握宪法和法律规定，学会运用多样的权利救济途径表达诉求、维护合法权益；有助于广大行政执法人员和法律工作者进一步优化知识结构，丰富相关法律知识储备，强化能力素质和提高工作水平；有助于广大司法实务工作者准确把握法律应用方面的最新进展，解决实际工作中存在的司法疑难问题。

诚然，中国特色社会主义的建设日新月异，依法治国的实践也在不断丰富和发展。丛书出版后，还需要结合普法实践新进展，立法工作新动态和执法司法新需求，及时进行修订完善和内容更新，以确保读者及时、准确掌握中央全面推进依法治国的新要求、立法执法的新进展，使丛书的社会应用价值不断提升。

全面建成小康社会、实现中华民族伟大复兴的中国梦，必须全面推进依法治国；落实依法治国基本方略，必须不断提高全社会的法律应用水平。衷心希望这六套丛书的出版，能够在普法学习宣传、法学理论研究和教学、法律工作实务方面起到应有作用，切实有助于广大公务人员能够更好地运用法治思维和法治方式推动工作，带头在宪法法律范围内活动；有助于执法司法工作人员始终坚持严格执法、公正司法，不断提升执法司法能力；有助于广大干部群众坚持依法治理，加强法治保障，运用法治思维和法治方式化解社会矛盾，更好地营造尊法学法守法用法的良好氛围。

本书编委会
2018年3月

目　录

第一章　全面推进依法治国

　　★ 全面依法治国是国家治理的一场深刻革命，必须坚持厉行法治，推进科学立法、严格执法、公正司法、全民守法。全面推进依法治国总目标是建设中国特色社会主义法治体系、建设社会主义法治国家。

第一节　十八届四中全会全面布局依法治国战略

　　十八届四中全会是我党历史上，第一次通过全会的形式专题研究部署、全面推进依法治国问题。全会在对全面推进依法治国的重要意义、重大作用、指导思想和基本原则作了系统阐述的基础上，站在总揽全局、协调各方的高度，对全面推进依法治国进程中的人大、政府、政协、审判、检察等各项工作提出了工作要求。

　　一、加强立法工作，完善中国特色社会主义法律体系建设和以宪法为核心的法律制度实施

　　（一）建设中国特色社会主义法治体系，坚持立法先行，发挥立法的引领和推动作用，抓住提高立法质量这个关键

　　立法工作要恪守以民为本、立法为民理念，贯彻社会主义核心价值观，要符合宪法精神、反映人民意志、得到人民拥护。要把公正、公平、公开原则贯穿立法全过程，完善立法体制机制，坚持立改废释并举，增强法律法规的及时性、系统性、针对性、有效性。坚持依法治国，首先要坚持依宪治国、坚持依宪执政。一切违反宪法的行为都必须予以追究和纠正。

　　为了强化宪法意识，党和国家还确定，每年12月4日定为国家宪法日。在全社会普遍开展宪法教育，弘扬宪法精神。建立宪法宣誓制度，凡经人大及其常委会选举或者决定任命的国家工作人员正式就职时公开向宪法宣誓。

（二）完善党对立法工作中重大问题决策的程序

凡立法涉及重大体制和重大政策调整的，必须报党中央讨论决定。党中央向全国人大提出宪法修改建议，依照宪法规定的程序进行宪法修改。法律制定和修改的重大问题由全国人大常委会党组向党中央报告。

健全有立法权的人大主导立法工作的体制机制。建立由全国人大相关专门委员会、全国人大常委会法制工作委员会组织有关部门参与起草综合性、全局性、基础性等重要法律草案制度。增加有法治实践经验的专职常委比例。依法建立健全专门委员会、工作委员会立法专家顾问制度。

加强和改进政府立法制度建设，完善行政法规、规章制定程序，完善公众参与政府立法机制。重要行政管理法律法规由政府法制机构组织起草。

明确立法权力边界，从体制机制和工作程序上有效防止部门利益和地方保护主义法律化。明确地方立法权限和范围，依法赋予设区的市地方立法权。

（三）深入推进科学立法、民主立法

加强人大对立法工作的组织协调，健全立法起草、论证、协调、审议机制，健全向下级人大征询立法意见机制，建立基层立法联系点制度，推进立法精细化。更多发挥人大代表参与起草和修改法律作用。充分发挥政协委员、民主党派、工商联、无党派人士、人民团体、社会组织在立法协商中的作用，拓宽公民有序参与立法途径，广泛凝聚社会共识。

（四）加强重点领域立法

依法保障公民权利，加快完善体现权利公平、机会公平、规则公平的法律制度，保障公民人身权、财产权、基本政治权利等各项权利不受侵犯，保障公民经济、文化、社会等各方面权利得到落实，实现公民权利保障法治化。增强全社会尊重和保障人权意识，健全公民权利救济渠道和方式。

二、深入推进依法行政，加快建设法治政府

各级政府必须坚持在党的领导下、在法治轨道上开展工作，创新执法体制，完善执法程序，推进综合执法，严格执法责任，建立权责统一、权威高效的依法行政体制，加快建设职能科学、权责法定、执法严明、公开公正、廉洁高效、守法诚信的法治政府。

（一）依法全面履行政府职能

完善行政组织和行政程序法律制度，推进机构、职能、权限、程序、责任法定化。行政机关要坚持法定职责必须为、法无授权不可为，勇于负责、敢于担当，坚决纠正不作为、乱作为，坚决克服懒政、怠政，坚决惩处失职、渎职。行政机关不得法外设定权力，没有法律法规依据不得作出减损公民、法人和其他组织合法权益或者增加其义务的决定。

（二）健全依法决策机制

把公众参与、专家论证、风险评估、合法性审查、集体讨论决定确定为重大行政决策法定程序，确保决策制度科学、程序正当、过程公开、责任明确。

建立重大决策终身责任追究制度及责任倒查机制，对决策严重失误或者依法应该及时作出决策但久拖不决造成重大损失、恶劣影响的，严格追究行政首长、负有责任的其他领导人员和相关责任人员的法律责任。

（三）深化行政执法体制改革

根据不同层级政府的事权和职能，按照减少层次、整合队伍、提高效率的原则，合理配置执法力量。

推进综合执法，大幅减少市县两级政府执法队伍种类，重点在食品药品安全、工商质检、公共卫生、安全生产、文化旅游、资源环境、农林水利、交通运输、城乡建设、海洋渔业等领域内推行综合执法，有条件的领域可以推行跨部门综合执法；严格实行行政执法人员持证上岗和资格管理制度，未经执法资格考试合格，不得授予执法资格，不得从事执法活动。严格执行罚缴分离和收支两条线管理制度，严禁收费罚没收入同部门利益直接或者变相挂钩。

（四）坚持严格规范公正文明执法

依法惩处各类违法行为，加大关系群众切身利益的重点领域执法力度。完善执法程序，建立执法全过程记录制度。明确具体操作流程，重点规范行政许可、行政处罚、行政强制、行政征收、行政收费、行政检查等执法行为。严格执行重大执法决定法制审核制度。

以人为本　立法为民

全面落实行政执法责任制，严格确定不同部门及机构、岗位执法人员执法责任和责任追究机制，加强执法监督，坚决排除对执法活动的干预，防止和克服地方和部门保护主义，惩治执法腐败现象。

（五）强化对行政权力的制约和监督

加强党内监督、人大监督、民主监督、行政监督、司法监督、审计监督、社会监督、舆论监督制度建设，努力形成科学有效的权力运行制约和监督体系，增强监督合力和实效。

加强对政府内部权力的制约，对财政资金分配使用、国有资产监管、政府投资、政府采购、公共资源转让、公共工程建设等权力集中的部门和岗位实行分事行权、分岗设权、分级授权，定期轮岗，强化内部流程控制，防止权力滥用。改进上级机关对下级机关的监督，建立常态化监督制度。完善纠错问责机制，健全责令公开道歉、停职检查、引咎辞职、责令辞职、罢免等问责方式和程序。

完善审计制度，保障依法独立行使审计监督权。对公共资金、国有资产、国有资源和领导干部履行经济责任情况实行审计全覆盖。

（六）全面推进政务公开

坚持以公开为常态、不公开为例外原则，推进决策公开、执行公开、管理公开、服务公开、结果公开。各级政府及其工作部门依据权力清单，向社会全面公开政府职能、法律依据、实施主体、职责权限、管理流程、监督方式等事项。重点推进财政预算、公共资源配置、重大建设项目批准和实施、社会公益事业建设等领域的政府信息公开。

涉及公民、法人或其他组织权利和义务的规范性文件，按照政府信息公开要求和程序予以公布。推行行政执法公示制度。推进政务公开信息化，加强互联网政务信息数据服务平台和便民服务平台建设。

三、保证公正司法，提高司法公信力

必须完善司法管理体制和司法权力运行机制，规范司法行为，加强对司法活动的监督，努力让人民群众在每一个司法案件中感受到公平正义。

（一）完善确保依法独立公正行使审判权和检察权的制度

建立领导干部干预司法活动、插手具体案件处理的记录、通报和责任追究制度。任何党政机关和领导干部都不得让司法机关做违反法定职责、有碍司法公正的事情，任何司法机关都必须执行党政机关和领导干部不得违法干预司法活动的要求。对干预司法机关办案的，给予党纪政纪处分；造成冤假错案或者其他严重后果的，依法追究刑事责任。

（二）优化司法职权配置

健全公安机关、检察机关、审判机关、司法行政机关各司其职，侦查权、检察权、审判权、执行权相互配合、相互制约的体制机制。

完善审级制度，一审重在解决事实认定和法律适用，二审重在解决事实法律争议、实现二审终审，再审重在解决依法纠错、维护裁判权威；建立司法机关内部人员过问案件的记录制度和责任追究制度。完善主审法官、合议庭、主任检察官、主办侦查员办案责任制，落实谁办案谁负责。

（三）推进严格司法

健全事实认定符合客观真相、办案结果符合实体公正、办案过程符合程序公正的法律制度。加强和规范司法解释和案例指导，统一法律适用标准。全面贯彻证据裁判规则，严格依法收集、固定、保存、审查、运用证据，完善证人、鉴定人出庭制度，保证庭审在查明事实、认定证据、保护诉权、公正裁判中发挥决定性作用。明确各类司法人员工作职责、工作流程、工作标准，实行办案质量终身负责制和错案责任倒查问责制，确保案件处理经得起法律和历史检验。

（四）保障人民群众参与司法

坚持人民司法为人民，依靠人民推进公正司法，通过公正司法维护人民权益。在司法调解、司法听证、涉诉信访等司法活动中保障人民群众参与。推进审判公开、检务公开、警务公开、狱务公开，依法及时公开执法司法依据、程序、流程、结果和生效法律文书，杜绝暗箱操作。

（五）加强人权司法保障

强化诉讼过程中当事人和其他诉讼参与人的知情权、陈述权、辩护辩论权、申请权、申诉权的制度保障。健全落实罪刑法定、疑罪从无、非法证据排除等法律原则的法律制度。完善对限制人身自由司法措施和侦查手段的司法监督，加强对刑讯逼供和非法取证的源头预防，健全冤假错案有效防范、及时纠正机制。

（六）加强对司法活动的监督

完善检察机关行使监督权的法律制度，加强对刑事诉讼、民事诉讼、行政诉讼的法律监督。完善人民监督员制度，重点监督检察机关查办职务犯罪的立案、羁押、扣押冻结财物、起诉等环节的执法活动。

依法规范司法人员与当事人、律师、特殊关系人、中介组织的接触、交往行为。严禁司法人员私下接触当事人及律师、泄露或者为其打探案情、接受吃请或者收受其财物、为律师介绍代理和辩护业务等违法违纪行为，坚决惩治司法掮客行为，防止利益输送。

四、增强全民法治观念，推进法治社会建设

弘扬社会主义法治精神，建设社会主义法治文化，增强全社会厉行法治的积极性和主动性，形成守法光荣、违法可耻的社会氛围，使全体人民都成为社会主义法治的忠实崇尚者、自觉遵守者、坚定捍卫者。

（一）推动全社会树立法治意识

坚持把全民普法和守法作为依法治国的长期基础性工作，深入开展法治宣传教育，引导全民自觉守法、遇事找法、解决问题靠法。坚持把领导干部带头学法、模范守法作为树立法治意识的关键，完善国家工作人员学法用法制度，把法治教育纳入国民教育体系，从青少年抓起，在中小学设立法治知识课程。

健全普法宣传教育机制，各级党委和政府要加强对普法工作的领导，宣传、文化、教育部门和人民团体要在普法教育中发挥职能作用。实行国家机关"谁执法谁普法"的普法责任制，建立法官、检察官、行政执法人员、律师等以案释法制度。把法治教育纳入精神文明创建内容，开展群众性法治文化活动，健全媒体公益普法制度，加强新媒体新技术在普法中的运用，提高普法实效；加强社会诚信建设，健全公民和组织守法信用记录，完善守法诚信褒奖机制和违法失信行为惩戒机制，使尊法守法成为全体人民共同追求和自觉行动；加强公民道德建设，弘扬中华优秀传统文化，增强法治的道德底蕴，强化规则意识，倡导契约精神，弘扬公序良俗。发挥法治在解决道德领域突出问题中的作用，引导人们自觉履行法定义务、社会责任、家庭责任。

（二）推进多层次多领域依法治理

深入开展多层次多形式法治创建活动，深化基层组织和部门、行业依法治理，支持各类社会主体自我约束、自我管理。发挥市民公约、乡规民约、行业规章、团体章程等社会规范在社会治理中的积极作用。建立健全社会组织参与社会事务、维护公共利益、救助困难群众、帮教特殊人群、预防违法犯罪的机制和制度化渠道，发挥社会组织对其成员的行为导引、规则约束、权益维护作用。

（三）建设完备的法律服务体系

完善法律援助制度，扩大援助范围，健全司法救助体系，保证人民群众在遇到法律问题或者权利受到侵害时获得及时有效法律帮助。

（四）健全依法维权和化解纠纷机制

强化法律在维护群众权益、化解社会矛盾中的权威地位，引导和支持人们理性表达诉求、依法维护权益。建立健全社会矛盾预警机制、利益表达机制、协商沟通机制、救济救助机制，畅通群众利益协调、权益保障法律渠道。把信访纳入法治化轨道，保障合理合法诉求依照法律规定和程序就能得到合理合法的结果。

健全社会矛盾纠纷预防化解机制，完善调解、仲裁、行政裁决、行政复议、诉讼等有机衔接、相互协调的多元化纠纷解决机制。

完善立体化社会治安防控体系，有效防范化解管控影响社会安定的问题，保障人民生命财产安全。依法严厉打击暴力恐怖、涉黑犯罪、邪教和黄赌毒等违法犯罪活动，绝不允许其形成气候。依法强化危害食品药品安全、影响安全生产、损害生态环境、破坏网络安全等重点问题治理。

此外，十八届四中全会还就法治工作队伍建设、党对全面推进依法治国的领导等重大问题提出了加强和改进要求。

严肃法纪、引以为戒

【案情介绍】1937年10月5日傍晚，延河边刮着寒风，河滩上扬着尘土，红军抗日军政大学第三期6队队长黄克功与第二期15队学员刘茜沿河滩漫步。两人因情感纠葛再次发生争执。黄克功为了挽回这段恋情，情急之下拔出手枪。本想吓阻刘茜改变主意、回心转意，可他得到的回应是冷峻的眸子、厉声的斥责和响亮的耳光。呼！呼！黄克功手里的勃朗宁手枪响了……

"黄克功事件"在边区内外引起了巨大的反响。一时间，人们议论纷纷，有的探询事件细节，有的揣测如何处理。有人主张，黄克功刚刚经过二万五千里长征，是红军的重要干部，民族解放战争正需要这样的人去冲锋陷阵，应当给他戴罪立功的机会。

在黄克功提出戴罪立功请求，干部群众提出依法偿命和从轻发落不同意见的情况下，作为时任陕甘宁边区高等法院代院长、本案审判长的雷经天，在坚持依法审理的同时，又及时向毛泽东主席报告了案情和惩处意见。

鉴于本案案情重大，具有典型的法制教育意义，边区政府及高等法院根据党中央的指示，于10月11日在被害人所在单位——陕北公学大操场，召开了数千人的大会，进行公开审判。公审大会上，雷经天接到并当着黄克功本人的面，当场宣读了毛主席的回信。

雷经天同志：

你及黄克功的信均收阅。

黄克功过去的斗争历史是光荣的，今天处以极刑，我及党中央的同志都是为之惋惜的。但他犯了不容赦免的大罪，一个共产党员、红军干部而有如此卑鄙的，残忍的，失掉党的立场的，失掉革命立场的，失掉人的立场的行为，如赦免他，便无以教育党，无以教育红军，无以教育革命，根据党与红军的纪律，处他以极刑。正因为黄克功不同于一个普通人，正因为他是一个多年的共产党员，正因为他是一个多年的红军，所以不能不这样办。共产党与红军，对于自己的党员与红军成员不能不执行比一般平民更加严格的纪律。当此国家危急革命紧张之时，黄克功卑鄙无耻残忍自私至如此程度，他之处死，是他自己的行为决定的。一切共产党员，一切红军指战员，一切革命分子，都要以黄克功为前车之鉴。请你在公审会上，当着黄克功及到会群众，除宣布法庭判决外，并宣布我这封信。对刘茜同志之家属，应给以安慰与体恤。

毛泽东

1937年10月10日

随着雷经天宣读的声音停止，大家再将目光转向黄克功时，如梦初醒的他，高高地扬起头，连呼"中华民族解放万岁！""打倒日本帝国主义！""中国共产党万岁！"口号三遍，呼罢，跟着行刑队走出会场……

【以案释法】法治是治国理政的重要途径，是社会秩序的根本保障，是文明进步的显著标志。黄克功一案的处理从一个侧面反映，我们党历来有着严肃法纪、强调依法办事的优良传统。红色根据地时期，我们党立即在夺取政权后的边区治理中注重立法、完备法制，并严格依法办事，为新中国成立后的法治建设奠定了基础。

时任抗大副校长的罗瑞卿强调："黄克功敢于随便开枪杀人，原因之一就是自恃有功，没有把法律放在眼里，如果我们不惩办他，不是也没有把法律放在眼里吗？任何人都要服从法律，什么功劳、地位、才干都不能阻挡依法制裁。"黄克功案判决书中也载明："刘茜今年才16岁，根据特区的婚姻法律，未达到结婚年龄。黄克功是革命干部，要求与未达婚龄的幼女刘茜结婚，已属违法，更因逼婚未遂，以致实行枪杀泄愤，这完全是兽行不如的行为，罪无可逭。"

著名民主人士李公朴先生评价此案："它为将来的新中国建立了一个好的法律榜样。"

第二节　贯彻落实十九大精神全面推进依法治国

2017年10月18日至10月24日，中国共产党第十九次全国代表大会（简称党的十九大）召开。习近平总书记代表第十八届中央委员会向大会作了题为《决胜全面建成小康社会，夺取新时代中国特色社会主义伟大胜利》的报告，要求全党全军全国人民要不忘初心，牢记使命，高举中国特色社会主义伟大旗帜，决胜全面建成小康社会，夺取新时代中国特色社会主义伟大胜利，为实现中华民族伟大复兴的中国梦不懈奋斗。

十九大报告提出，全面依法治国是国家治理的一场深刻革命，必须坚持厉行法治，推进科学立法、严格执法、公正司法、全民守法。全面推进依法治国总目标是建设中国特色社会主义法治体系、建设社会主义法治国家。

一、历程

党的十八大以来，在习近平总书记全面依法治国新理念新思想新战略指引下，中国特色社会主义法治建设深入推进。历史证明，依法治国是中华民族的伟大创举，是新中国民主政治的重要里程碑。事实验证，依法治国是治国之道、强国之路、兴国之本。尤其是全面依法治国这五年，更雄辩地证明了这一结论。

（一）全面推进依法治国是一项长期而重大的历史任务

1997年，党的十五大确立了依法治国为治国理政的基本方略，并于1999年载入了国家宪法。特别是2012年，党的十八大宣告全面推进依法治国，并于2014年召开四中全会，专题研究全面依法治国若干重大问题，提出并实施司法改革190多项措施。

（二）落实全面推进依法治国部署

十九大报告指出：为贯彻十八大精神，党中央召开了七次全会，分别就政府机构改革和职能转变、全面深化改革、全面推进依法治国、制定"十三五"规划、全面从严治党等重大问题作出决定和部署。

（三）全面依法治国任务依然繁重

社会矛盾和问题交织叠加，全面依法治国任务依然繁重，国家治理体系和治理能力有待加强。

二、宏图

十九大报告50多次提及"法治"，释放依法治国最强音，为亿万人民绘制向往公平正义的幸福指南。

（一）一个总目标：建设中国特色社会主义法治体系、法治国家

全面推进依法治国总目标是建设中国特色社会主义法治体系、建设社会主义法治国家。

（二）一个新方略：坚持全面依法治国

全面依法治国，不仅是一种国家治理方式，更是一种治理理念。党中央治国理政的大棋局中，法治的作用不断强化，法治的理念反复重申。

（三）一幅新蓝图：深化依法治国实践

十九大报告为未来五年法治中国描绘了新蓝图：全面依法治国是国家治理的一场深刻革命，必须坚持厉行法治，推进科学立法、严格执法、公正司法、全民守法。成立中央全面依法治国领导小组，加强对法治中国建设的统一领导。深化司法体制综合配套改革，全面落实司法责任制，努力让人民群众在每一个司法案件中感受到公平正义。

三、亮点

（一）成立中央全面依法治国领导小组

成立中央全面依法治国领导小组，加强对法治中国建设的统一领导。

（二）深化国家监察体制改革

深化国家监察体制改革，将试点工作在全国推开，组建国家、省、市、县监察委员会，同党的纪律检查机关合署办公，实现对所有行使公权力的公职人员监察全覆盖。

（三）推进反腐败国家立法

推进反腐败国家立法，建设覆盖纪检监察系统的检举举报平台。强化不敢腐的震慑，扎牢不能腐的笼子，增强不想腐的自觉，通过不懈努力换来海晏河清、朗朗乾坤。

（四）实行最严格生态环境保护制度

必须树立和践行绿水青山就是金山银山的理念，坚持节约资源和保护环境的基本国策，像对待生命一样对待生态环境，统筹山水林田湖草系统治理，实行最严格的生态环境保护制度

四、格局

打造共建共治共享的社会治理格局。

（一）加强社会治理制度建设

完善党委领导、政府负责、社会协同、公众参与、法治保障的社会治理体制，提高社会治理社会化、法治化、智能化、专业化水平。

（二）加强预防和化解社会矛盾机制建设

正确处理人民内部矛盾。树立安全发展理念，弘扬生命至上、安全第一的思想，健全公共安全体系，完善安全生产责任制，坚决遏制重特大安全事故，提升防灾减灾救灾能力。

（三）加快社会治安防控体系建设

依法打击和惩治黄赌毒黑拐骗等违法犯罪活动，保护人民人身权、财产权、人格权。加强社会心理服务体系建设，培育自尊自信、理性平和、积极向上的社会心态。

（四）加强社区治理体系建设

推动社会治理重心向基层下移，发挥社会组织作用，实现政府治理和社会调节、居民自治良性互动。

五、方略

坚持全面依法治国方略。全面依法治国是中国特色社会主义的本质要求和重要保障。必须把党的领导贯彻落实到依法治国全过程和各方面，坚定不移走中国特色社会主义法治道路，完善以宪法为核心的中国特色社会主义法律体系，建设中国特色社会主义法治体系，建设社会主义法治国家，发展中国特色社会主义法治理论，坚持依法治国、依法执政、依法行政共同推进，坚持法治国家、法治政府、法治社会一体建设，坚持依法治国和以德治国相结合，依法治国和依规治党有机统一，深化司法体制改革，提高全民族法治素养和道德素质。

六、实践

深化依法治国实践。全面依法治国是国家治理的一场深刻革命，必须坚持厉行法治，推进科学立法、严格执法、公正司法、全民守法。成立中央全面依法治国领

导小组，加强对法治中国建设的统一领导。加强宪法实施和监督，推进合宪性审查工作，维护宪法权威。推进科学立法、民主立法、依法立法，以良法促进发展、保障善治。建设法治政府，推进依法行政，严格规范公正文明执法。深化司法体制综合配套改革，全面落实司法责任制，努力让人民群众在每一个司法案件中感受到公平正义。加大全民普法力度，建设社会主义法治文化，树立宪法法律至上、法律面前人人平等的法治理念。各级党组织和全体党员要带头尊法学法守法用法，任何组织和个人都不得有超越宪法法律的特权，绝不允许以言代法、以权压法、逐利违法、徇私枉法。

🔍 以案释法 ⑫

严格依法办事、坚持从严治党

【案情介绍】2015年5月22日，天津市第一中级人民法院鉴于周永康案中一些犯罪事实证据涉及国家秘密，依法对周永康案进行不公开审理。

天津市第一中级人民法院经审理认为，周永康受贿数额特别巨大，但其归案后能如实供述自己的罪行，认罪悔罪，绝大部分贿赂系其亲属收受且其系事后知情，案发后主动要求亲属退赃且受贿款物全部追缴，具有法定、酌定从轻处罚情节；滥用职权，犯罪情节特别严重；故意泄露国家秘密，犯罪情节特别严重，但未造成特别严重的后果。

根据周永康犯罪的事实、性质、情节和对于社会的危害程度，天津市第一中级人民法院于2015年6月11日宣判，周永康犯受贿罪，判处无期徒刑，剥夺政治权利终身，并处没收个人财产；犯滥用职权罪，判处有期徒刑七年；犯故意泄露国家秘密罪，判处有期徒刑四年，三罪并罚，决定执行无期徒刑，剥夺政治权利终身，并处没收个人财产。

周永康在庭审最后陈述时说，我接受检方指控，基本事实清楚，我表示认罪悔罪；有关人员对我家人的贿赂，实际上是冲着我的权力来的，我应负主要责任；自己不断为私情而违法违纪，违法犯罪的事实是客观存在的，给党和国家造成了重大损失；对我问题的依纪依法处理，体现了全面从严治党、全面依法治国的决心。

【以案释法】周永康一案涉及建国以来第一例因贪腐被中纪委立案审查的正国级领导干部。周永康的落马充分反映了我们党全面从严治党、全面依法治国的坚定决心。说明反腐没有"天花板"，无论任何人，不管位有多高，权有多大，只要违法乱纪，一样要严惩不贷。周永康一案的宣判表明，无论是位高权重之人，还是基层党员干部，都应始终要敬畏党纪、敬畏国法，不以权谋私，切忌把权力当成自家的"后花园"。通过办案机关依法办案、文明执法，讲事实、讲道理，周永康也认识到自己违法犯罪的事实给党的事业造成的损失，给社会造成了严重影响，并多次表示认罪悔罪。

综观周永康一案从侦办、审理和宣判，整个过程都坚持依法按程序办案，很好地体现了"以法治思维和法治方式反对腐败"的基本理念。这充分说明，我们党敢于直面问题、纠正错误，勇于从严治党、依法治国。周永康案件再次表明，党纪国法绝不是"橡皮泥""稻草人"，无论是因为"法盲"导致违纪违法，还是故意违规违法，都要受到追究，否则就会形成"破窗效应"。法治之下，任何人都不能心存侥幸，都不能指望法外施恩，没有免罪的"丹书铁券"，也没有"铁帽子王"。

上述三个案例，尽管时间上跨度很大，分别为新民主主义革命时期、新中国成立初期和中国特色社会主义建设时期，但共同显示出我们党严格依法办事和从严治党的决心与信心没有变。

第三节　宪法修正为新时代中国特色社会主义发展提供宪法保障

1982年宪法公布施行后，根据我国改革开放和社会主义现代化建设的实践和发展，在党中央领导下，全国人大于1988年、1993年、1999年、2004年先后4次对1982年宪法即我国现行宪法的个别条款和部分内容作出必要的、也是十分重要的修正，共通过了31条宪法修正案。2018年3月11日十三届全国人大一次会议通过《中华人民共和国宪法修正案》，第五次对宪法进行修正。

一、修改宪法具有重大现实意义和深远历史意义

我国现行宪法以国家根本法的形式，确立了一系列制度、原则和规则，制定了一系列大政方针，反映了我国各族人民共同意志和根本利益。三十多年来的实践充分表明，我国宪法有力坚持了中国共产党领导，有力保障了人民当家作主，有力促进了改革开放和社会主义现代化建设，有力推动了社会主义法治国家建设进程，有力维护了国家统一、民族团结、社会稳定。

随着党和国家事业不断发展，特别是党的十八大以来，在以习近平同志为核心的党中央坚强领导下，党和国家事业取得了历史性成就，发生了历史性变革，中国特色社会主义进入新时代。党的十九大确立了习近平新时代中国特色社会主义思想在全党的指导地位，提出一系列重大政治论断，确定了新的奋斗目标。把党和人民在实践中取得的重大理论创新、实践创新、制度创新成果上升为宪法规定，这将更好地发挥宪法在新时代坚持和发展中国特色社会主义中的重大作用。

2018年1月19日，中国共产党第十九届中央委员会第二次全体会议通过《中共

中央关于修改宪法部分内容的建议》，建议把党的十九大确定的重大理论观点和重大方针政策特别是习近平新时代中国特色社会主义思想载入国家根本法。

2018年3月，十三届全国人大一次会议在京举行，会议审议通过了《中华人民共和国宪法修正案》。宪法是国家的根本法，是治国安邦的总章程，是党和人民意志的集中体现，具有最高的法律地位、法律权威、法律效力。修改宪法是党和国家政治生活中的一件大事，具有重大现实意义和深远历史意义。

二、宪法修改推动宪法与时俱进完善发展

这次宪法修改的主要目的，就是把党的十九大确定的重大理论观点和重大方针政策，特别是习近平新时代中国特色社会主义思想载入国家根本法，体现党和国家事业发展的新成就、新经验、新要求，在总体保持宪法的连续性、稳定性、权威性的基础上推动宪法与时俱进、完善发展。

（一）习近平新时代中国特色社会主义思想载入宪法，在党内外、在全国上下已经形成广泛的高度认同

宪法修正案明确了习近平新时代中国特色社会主义思想在国家政治和社会生活中的指导地位。习近平新时代中国特色社会主义思想是马克思主义中国化的最新成果，是党和人民实践经验和集体智慧的结晶，是党的十八大以来党和国家事业取得历史性成就、发生历史性变革的根本的理论指引，其政治意义、理论意义、实践意义，在党内外、在全国上下已经形成了广泛的高度认同。所以，在宪法关于国家的指导思想中及时反映党领导人民创新的最新成果，是我国宪法的一大特点，也是我国宪法制度发展的一个重要经验。

（二）中国共产党领导是中国特色社会主义最本质的特征，体现了中国共产党领导的根本性全面性时代性

宪法修正案在总纲第一条中增加规定：中国共产党领导是中国特色社会主义最本质的特征。中国共产党的领导是历史的选择、人民的选择。此前，"中国共产党领导"在我国宪法中规定是非常明确的，宪法序言中一共出现过五次。此次作出进一步修改，是在原有的基础上新的强化、深化和拓展，充分体现了中国共产党领导的根本性、全面性和时代性，具有重大的政治意义和法治意义。

（三）新增"监察委员会"一节，必将进一步推进党风廉政建设和反腐败工作的深入开展

此次宪法修改在第三章"国家机构"中新增了"监察委员会"一节。这是深化监察体制改革的需要。深化监察体制改革是以习近平同志为核心的党中央作出的具有全局性的重大政治体制改革，其中一个重要任务就是设立监察委员会。这次宪法修正案的相关规定就为设立监察委员会，并为依法行使职权、开展工作提供了宪法依据，也为制定监察法提供了宪法依据。这些规定必将进一步推进党风廉政建设和

反腐败工作的深入开展，能够取得进一步的实效。

（四）国家主席任期调整，是健全国家领导体制的重要举措

关于国家主席、副主席任职规定的修改，是这次宪法修改引人关注的一个地方。在党内外、在全国上下，过去一段时间以来，一直有这样的意见，即中国共产党章程关于党的中央委员会总书记任职任期的规定，关于中国共产党中央军事委员会主席任职任期方面的规定，中华人民共和国宪法关于国家军委主席任职任期的规定，都没有连续任职不得超过两届的规定，宪法关于国家主席的规定也应该采取一致的做法。

对于我们这样一个大党、大国来说，"三位一体"的领导体制和领导形式，不仅是必要的，而且是最为妥当的。这种领导体制和领导形式是中国共产党从长期执政实践中探索和总结出来的治国理政的成功经验。这次宪法修正案的相关修改完善，是健全国家领导体制的重要举措，这种修改有利于维护以习近平同志为核心的党中央的权威和集中统一领导，有利于完善国家的领导体制，也有利于党和国家长治久安。

（五）确立宪法宣誓制度，有利于弘扬宪法精神，增强宪法意识，增强宪法自信

实行宪法宣誓制度是党的十八届四中全会提出的重要举措，目的是为了教育和激励国家工作人员忠于宪法，维护宪法，尊崇宪法，维护宪法权威。2015年，全国人大常委会以立法形式作出了关于实行宪法宣誓的决定。两年多来，全国各级国家机构的工作人员正式就职时都进行宪法宣誓。全国人大常委会也正式实行了这项制度。这次宪法修改把宪法宣誓制度确定下来，会对宪法的贯彻实施，弘扬宪法精神，增强宪法意识，增强宪法自信，起到非常重要的作用。

（六）更名为全国人大宪法和法律委员会，有利于加强宪法实施和监督

宪法修正案将全国人大法律委员会更名为全国人大宪法和法律委员会。在十三届全国人大一次会议审议宪法修正案草案过程中，很多代表都觉得这个举措非常有意义，它贯彻体现了党的十九大精神，即加强宪法实施和监督，推进合宪性审查，维护宪法权威，也有利于完善全国人大专门委员会的设置。这次宪法修正案有关全国人大专门委员会的规定，把法律委员会修改为宪法和法律委员会，在全国人大专门委员会这个层面上首次出现"宪法"，是加强全国人大在宪法方面的工作的一个重要举措。

（七）关于设区的市的立法权的相关规定，有利于完善地方治理

宪法修正案对设区的市的立法权作出规定。地方性法规是中国特色社会主义法律体系当中的一个重要组成部分。除了国家法律法规、省级地方性法规，亟须具有本地特点的制度规定，来完善本地区各个方面的发展治理。据此，十二届全国人大对我国的立法法进行了修改，赋予所有设区的市立法权。截至目前，323个设区的市

具有地方立法权，并制定了595部地方性法规。

立法的主体多了，层级也多了，为了保障法治的统一设了几道防线：一是限权限，即地方立法权仅限于城乡建设与管理、环境保护和历史文化保护范围。二是不抵触，就是设区的市在制定地方性法规的时候不能与宪法、法律、行政法规，还包括本省的行政法规相抵触。三是报批准，设区的市制定的地方性法规要经过省一级的人大常委会批准。四是报备案，设区的市的地方性法规要通过省人大常委会报全国人大常委会和国务院备案。

第四节 深化国家监察体制改革保障公权力阳光运行

党的十九大就深化国家监察体制改革作出部署，要求将试点工作在全国推开，组建国家、省、市、县监察委员会，实现对所有行使公权力的公职人员监察全覆盖；2017年10月，中央办公厅印发《关于在全国各地推开国家监察体制改革试点方案》的通知；11月4日，十二届全国人大常委会三十次会议审议通过《关于在全国各地推开国家监察体制改革试点工作的决定》；11月24日，内蒙古自治区包头市青山区监察委员会正式挂牌，成为在全国推开监察体制改革试点后的首个县级监察委员会；从北京、山西、浙江先行先试到全面推开试点，监察体制改革迈出坚实步伐。

一、宪法修正案确立了监察委员会的宪法地位

2018年3月11日十三届全国人大一次会议通过《中华人民共和国宪法修正案》，确立了监察委员会的职责职权，确立了监察委员会的宪法地位，为加强党对反腐败工作的统一领导，建立集中统一、权威高效的国家监察体系，实现对所有行使公权力的公职人员监察全覆盖奠定坚实宪法基础。

深化监察体制改革是以习近平同志为核心的党中央作出的具有全局性的重大的政治体制改革。改革的目标就是要整合反腐败资源力量，加强党对反腐败的集中统一领导，建立集中统一权威高效的国家监察体制。设立监察委员会是一个重要任务。

设立监察委员会，涉及国家机构职权的重大调整和完善，宪法条文对监察委员会的规定，涉及四个方面：（1）关于监察委员会的产生；（2）关于监察委员会组成人员的选举和任免；（3）关于监察委员会主任的任期的规定；（4）关于领导体制的规定；（5）关于监察机关与其他有关国家机关机关的关系。

二、监察法为监察工作提供法律遵循

2018年3月20日，十三届全国人大一次会议审议通过《中华人民共和国监察法》。

（一）监察委员会的产生及人员任免

国家监察委员会由全国人大产生，负责全国监察工作；国家监察委员会由主任、

副主任若干人、委员若干人组成，主任由全国人大选举，副主任、委员由国家监察委员会主任提请全国人大常委会任免；国家监察委员会主任每届任期同全国人大每届任期相同，连续任职不得超过两届。

地方各级监察委员会由本级人大产生，负责本行政区域内的监察工作；地方各级监察委员会由主任、副主任若干人、委员若干人组成。主任由本级人大选举，副主任、委员由监察委员会主任提请本级人大常委会任免；地方各级监察委员会主任每届任期同本级人大每届任期相同。

（二）确定监察委员会三大职责

一是对公职人员开展廉政教育，对其依法履职、秉公用权、廉洁从政从业以及道德操守情况进行监督检查。

二是对涉嫌贪污贿赂、滥用职权、玩忽职守、权力寻租、利益输送、徇私舞弊以及浪费国家资财等职务违法和职务犯罪进行调查。

三是对违法的公职人员依法作出政务处分决定；对履行职责不力、失职失责的领导人员进行问责；对涉嫌职务犯罪的，将调查结果移送人民检察院依法审查、提起公诉；向监察对象所在单位提出监察建议。

（三）监察工作的原则和方针

关于监察工作的原则。监察委员会依照法律规定独立行使监察权，不受行政机关、社会团体和个人的干涉；监察机关办理职务违法和职务犯罪案件，应当与审判机关、检察机关、执法部门互相配合，互相制约；监察机关在工作中需要协助的，有关机关和单位应当根据监察机关的要求依法予以协助。国家监察工作严格遵照宪法和法律，以事实为根据，以法律为准绳，在适用法律上一律平等；权责对等，从严监督；惩戒与教育相结合，宽严相济。

关于监察工作的方针。国家监察工作坚持标本兼治、综合治理，强化监督问责，严厉惩治腐败；深化改革、健全法治，有效制约和监督权力；加强法治道德教育，弘扬中华优秀传统文化，构建不敢腐、不能腐、不想腐的长效机制。

（四）监察范围

监察机关按照管理权限对下列公职人员进行监察：

（1）中国共产党的机关、人大机关、行政机关、政协机关、监察机关、审判机关、检察机关、民主党派和工商联机关的公务员及参照《中华人民共和国公务员法》管理的人员；

（2）法律、法规授权或者受国家机关依法委托管理公共事务的组织中从事公务的人员；

（3）国有企业管理人员；

（4）公办的教育、科研、文化、医疗卫生、体育等单位中从事管理的人员；

（5）基层群众性自治组织中从事集体事务管理的人员；

（6）其他依法履行公职的人员。

（五）监察权限

调查职务违法和职务犯罪时，可以采取谈话、讯问、询问、查询、冻结、搜查、调取、查封、扣押、勘验检查、鉴定等措施。

调查严重职务违法或职务犯罪时，经监察机关依法审批，可将被调查人留置。

需采取技术调查、通缉、限制出境措施的，经严格批准手续，按规定交有关机关执行。

🔍以案释法 ⑬

权力不能越出制度的笼子

【案情介绍】江苏省某市发展和改革委员会于2010年7月对10家企业作出废弃食用油脂定点回收加工单位备案，其中包括南京某化工厂和南京某废油脂回收处理中心。2012年11月，南京市某区人民政府作出关于印发该区餐厨废弃物管理工作方案的通知，明确指定废油脂回收处理中心实施全区餐厨废弃物收运处理。该区城市管理局和区商务局于2014年3月发出公函，要求落实该规定，包括各生猪屠宰场点必须和废油脂回收处理中心签订清运协议，否则将进行行政处罚。南京某新能源公司对政府的该行为不服，诉至法院，请求撤销该通知对废油脂回收处理中心的指定，并赔偿损失。

南京市中级人民法院一审认为，被告在公文中的指定，实际上肯定了废油脂回收处理中心在该区开展餐厨废弃物业务的资格，构成实质上的行政许可。区城市管理局和区商务局作出的公函已经表明被告的指定行为事实上已经实施。根据行政许可法相关规定，行政机关受理、审查、作出行政许可应当履行相应的行政程序，被告在作出指定前，未履行任何行政程序，故被诉行政行为程序违法。被告采取直接指定的方式，未通过招标等公平竞争的方式，排除了其他可能的市场参与者，构成通过行政权力限制市场竞争，违反了《江苏省餐厨废弃物管理办法》第十九条和反垄断法第三十二条的规定。被告为了加强餐厨废弃物处理市场监管的需要，对该市场的正常运行作出必要的规范和限制，但不应在行政公文中采取明确指定某一公司的方式。原告发尔士公司对其赔偿请求未提交证据证实，法院对此不予支持。遂判决撤销被告在396号文中对该公司指定的行政行为，驳回原告的其他诉讼请求。一审宣判后，双方当事人均未上诉。

【以案释法】我国法院每年办理的10万余件一审行政案件中，与经济管理和经济领域行政执法密切相关的案件占到30%以上，涉及的领域和类型也越来越丰富。

本案是涉及行政垄断的典型案件。行政垄断指行政机关滥用行政权力，违法提高市场准入门槛、违法指定特定企业从事特定业务、违法设置条件限制其他企业参与竞争等行为。它侵犯了市场主体的公平竞争权，对经济活动的正常运行、商品的自由流通乃至政府的内外形象都会造成较大破坏和不利影响，我国反垄断法和反不正当竞争法对此明令禁止。本案中，该区政府在行政公文中直接指定废油脂回收处理中心，未通过招标等公平竞争方式，排除了其他可能的市场参与者，构成通过行政权力限制市场竞争的违法情形。新修改的行政诉讼法将"滥用行政权力侵犯公平竞争权"明确纳入受案范围，就是为突出行政审判对市场正常竞争秩序的有力维护。随着法治不断进步，公民、法人等各类市场主体在运用行政诉讼法律武器依法维权、监督和规制行政垄断方面，将发挥越来越大的作用。

 思考题

1. 全面推进依法治国的重大意义是什么？

2. 全面推进依法治国必须坚持的基本原则有哪些？

3. 全面推进依法治国的总体要求是什么？

第二章 行政法律制度

本　章　要　点

　★依法行政是我们党为适应全面建设小康社会新形势、推进依法治国进程而提出的一项战略任务。

　★依法行政的六项基本要求是合法行政、合理行政、程序正当、高效便民、诚实守信、权责统一。

　★公务员的管理，要坚持公开、平等、竞争、择优的原则，依照法定的权限、条件、标准和程序进行。

　★行政许可的设定和实施，应当依照法定的权限、范围、条件和程序。

　★行政处罚应当依法进行，没有法定依据或者不遵守法定程序的处罚无效。

　★行政复议是行政系统内部的一种自我纠错机制，目的是保护公民、法人或其他组织的合法权益免受行政权力的侵犯。

　★行政赔偿是行政权力对公民、法人或其他组织的合法权益造成损害时的救济。

　★政府采购以公开招标为主要方式，其他采购方式必须是法律规定及国务院采购监督管理部门认定的方式。

第一节　依法行政概述

一、依法行政的含义

依法行政是指行政机关必须根据法律法规的规定取得、行使行政权力，并对行政行为的后果承担相应的责任。

二、依法行政的基本要求

国务院《全面推进依法行政实施纲要》对依法行政提出了六项基本要求：合法行政、合理行政、程序正当、高效便民、诚实守信、权责统一。

（一）合法行政

合法行政强调的是行政主体在行使行政权力时必须依据法律、符合法律，不得与法律相抵触。凡没有法律、法规、规章的规定，行政机关不得作出影响公民、法人和其他组织合法权益或者增加公民、法人和其他组织义务的决定。

（二）合理行政

合理行政要求行政机关实施行政管理，应当遵循公平、公正的原则，要平等对待行政管理相对人，不偏私，不歧视。合理行政主要适用于自由裁量权领域。合理行政的基本要求包括：行政的目的、动机合理，行政的内容和范围合理，行政的手段和措施合理。

（三）程序正当

行政机关实施行政管理，除法定保密的外，应当公开，注意听取公民、法人和其他组织的意见；要严格遵守法定程序，依法保护行政相对人、利害关系人的知情权、参与权和救济权；行政人员履行职责，与行政相对人存在利害关系时，应当回避。

（四）高效便民

行政机关实施行政管理，应当遵守法定时限，积极履行法定职责，提高办事效率，提供优质服务，方便公民、法人和其他组织。高效便民的具体要求有：首先，行政机关从事行政管理应从方便老百姓办事出发，把为公众提供优质服务作为行政管理的根本宗旨，而不应把行政管理看作是限制老百姓的工具和手段；其次，行政机关实施行政管理应采取积极主动的态度，尤其是对法定职责范围内的行政事务应及时履行；再次，行政机关应遵守法定时限，提高办事效率，对办理的事项不能久拖不决。

🔍以案释法 ④

坚持高效便民，落实依法行政

【案情介绍】近年来，永丰县人口计生委坚持高效便民的原则，坚持以计生优质服务"十到户"活动为载体，深入村组，免费为群众办理各种证件，免费为育龄妇女进行怀孕检查、妇科病普查等，大力实施民生工程，切实为群众解决实际问题。正如村民们说的那样："原来办生育证、流动人口婚育证时常要跑40里路到乡里办，而且跑三四次都难找到办事人员，有时找到了办事人员，态度又不好，还要交几十元钱办证费。现在可好，办证都上户了，且不用交钱，当场可拿，现在计生干部的工作真是做到家了。"

【以案释法】只有把高效便民服务落实到位，心系百姓，便利为民，才能真正做到依法行政，受到百姓的认可与拥护。

（五）诚实守信

诚实守信是依法行政对行政机关及其行政活动的必然要求，也是行政机关及其工作人员的法律义务与责任。按照这一原则，行政机关必须做到：首先，发布的信息必须真实可靠；其次，制定的法规、规章和政策、决定应当保持相对稳定，不能朝令夕改；再次，因国家利益、公共利益或者其他法定事由撤回或者变更已经生效

的行政决定，给公民、法人和其他组织造成财产损失，行政机关应当依法予以补偿。

（六）权责统一

行政机关必须依照法律规定的职权、职责行政，行使多大的权力就要承担多大的责任。行政机关违法或者不当行使职权，应当依法承担法律责任。依法做到执法有保障，有权必有责，用权受监督，违法受追究，侵权须赔偿。

三、依法行政的重要意义

推进依法行政，弘扬社会主义法治精神，是党的十七大为适应全面建设小康社会新形势、推进依法治国进程而提出的一项战略任务，对深化政治体制改革、发展社会主义民主政治，对全面实施依法治国基本方略、加快建设社会主义法治国家，对建设富强民主文明和谐美丽的社会主义现代化强国，实现党和国家长治久安具有十分重要的意义。

第二节　行政机关组织法律制度

一、行政组织法的概述

行政组织法主要是关于行政组织的设置权、编制权、行政权限、国家公务员录用权和管理权的规则。

我国的行政组织法有三项基本原则：一是民主集中制原则；二是中央与地方行政机关的职权划分，遵循在中央的统一领导下，充分发挥地方的主动性、积极性原则；三是行政机关的组织建设，实行精简的原则。

二、中央国家行政机关

中央行政机关，是指国务院和国务院所属各工作部门的总称。

（一）国务院

国务院即中央人民政府，它的法律性质是最高国家权力机关的执行机关，是最高国家行政机关。

国务院的组成人员是总理、副总理、国务委员、各部部长、各委员会主任、审计长、秘书长。

国务院实行总理负责制，总理全面领导国务院的工作。国务院工作中的重大问题，须经国务院常务会议或者全体会议讨论决定。

（二）国务院行政机构

1. 国务院组成部门

2018年3月，国务院机构改革方案公布，根据该方案，新组建或重新组建自然资源部、生态环境部、农业农村部、文化和旅游部、国家卫生健康委员会、退役军人事务部、应急管理部、科学技术部、司法部、水利部、审计署；不再保留监察部、国土资源部、环境保护部、农业部、文化部、国家卫生和计划生育委员会；除国务院办公厅外，国务院设置组成部门26个。国务院办公厅，是协助国务院领导处理国务院日常工作的机构。依据国务院组织法的规定，国务院设立办公厅，由国务院秘书长领导。

2. 国务院其他机构

按照2018年国务院机构改革方案，组建或重新组建国家市场监督管理总局及国家药品监督管理局、国家广播电视总局、中国银行保险监督管理委员会、国家国际发展合作署、国家医疗保障局、国家粮食和物资储备局、国家移民管理局、国家林业和草原局、国家知识产权局等。根据国务院组织法规定，国务院组成部门以外的国务院所属机构的调整和设置，将由新组成的国务院审查批准。

三、地方国家行政机关

（一）地方国家行政机关

地方国家行政机关，是指在一定行政区域内由该行政区人民代表机关产生的人民政府及其工作部门，管理地方各级所辖范围内的行政事务。

我国地方国家行政机关分为省（自治区、直辖市）、市（自治州、直辖市的区）、县、乡（镇、民族乡）四级。地方国家行政机关的地位具有双重性：一方面，它是地方国家权力机关的执行机关；另一方面，它是国务院统一领导下的国家行政机关。地方各级人民政府在管辖的地域范围内，依照宪法和有关法律规定的权限，管理本行政区域内的各项行政事务，并依法对自己行为所产生的法律后果承担责任。地方国家行政机关的法定行政职权主要是：制定地方规章权或发布决定、命令权；本区域内行政事务的管理权；领导和监督本级政府的职能部门和下级人民政府行政工作权。

（二）地方行政机关的派出机关和派出机构

派出机关是由有权地方人民政府在一定行政区域内设立，代表设立机关管理该行政区域内各项行政事务的行政机构。派出机构是由有权地方人民政府的职能部门在一定行政区域内设立，代表该设立机构管理该行政区域内某一方面行政事务的行政机构。

派出机关有三类：一是省、自治区人民政府设立的行政公署。设立的主要条件是"在必要的时候"和"经国务院批准"；二是县、自治县的人民政府设立的区公所，设立的主要条件是"在必要的时候"和"经省、自治区、直辖市的人民政府批准"；三是市辖区、不设区的市的人民政府设立的街道办事处，设立的主要条件是"经上一级人民政府批准"。

派出机构是指省、自治区、直辖市和各级市人民政府的职能部门，根据需要所设置的从事某种专门职能的机构。

四、具有行政职权的其他组织

（一）法律、法规授权的组织

1.被授权组织的概念

法律、法规授权的组织是指依具体法律、法规授权而行使特定行政职能的非国家机关组织。包括：（1）事业组织；（2）社会团体；（3）基层群众性自治组织，如居民委员会和村民委员会；（4）企业组织。

2.被授权组织的法律地位

（1）在行使法律法规所授职权时，享有与行政机关相同的行政主体地位；（2）以自己的名义行使法律法规所授职权，并由其本身就行使职权的行为对外承担法律责任；（3）被授权组织在执行其本身的职能时，不享有行政职权，不具有行政主体的地位。

（二）行政机关委托的组织

行政机关委托的组织是指受行政机关委托行使一定行政职能的非国家机关的组织。被授权组织的范围通常与行政机关委托行使行政职权的组织的范围相同。当法律、法规授权这些组织行使行政职权时，它们即为被授权组织；当法律、法规未授权，而是行政机关委托它们行使一定行政职权时，它们即为被委托的组织。

第三节　公务员法律制度

一、公务员制度概述

公务员，是指依法履行公职、纳入国家行政编制、由国家财政负担工资福利的工作人员。国家公务员制度，是关于国家管理国家公务员，调整行政职务关系的制度。

选拔国家公务员制度的基本原则是公开、平等、竞争和择优。

二、公务员的基本权利与基本义务

（一）基本权利

1. 身份保障权

非因法定事由和非经法定程序不被免职、降职、辞退或者行政处分，国家公务员的身份和职务受法律保障。

2. 执行公务权

获得履行职责所必须的权力的权利。

3. 工资福利权

获得劳动报酬和享受保险、福利待遇的权利。

4. 参加培训权

参加政治理论和业务知识的培训，以适应工作岗位需要的权利。

5. 批评建议权

对国家行政机关及其领导人员的工作提出批评和建议的权利，任何人不得进行压制，不得进行打击报复。

6. 申诉控告权

对有关处分决定，例如降职降薪等处理决定，向有关部门提出申诉，对有关机关和负责人滥用职权违法处理的行为提出控告的权利。

7. 辞职权

可以依照国家公务员法规提出辞职，不再继续担任国家公务员的权利。

8. 其他

宪法和法律规定的其他权利。

（二）基本义务

公务员法规定公务员，必须遵守的基本义务包括：模范遵守宪法和法律；按照规定的权限和程序认真履行职责，努力提高工作效率；全心全意为人民服务，接受人民监督；维护国家的安全、荣誉和利益；忠于职守，勤勉尽责，服从和执行上级依法作出的决定和命令；保守国家秘密和工作秘密；遵守纪律，恪守职业道德，模范遵守社会公德；清正廉洁，公道正派；法律规定的其他义务。

三、国家公务员基本管理制度

（一）任职的基本条件

公务员应当具备下列条件：具有中华人民共和国国籍；年满十八周岁；拥护中华人民共和国宪法；具有良好的品行；具有正常履行职责的身体条件；具有符合职位要求的文化程度和工作能力；法律规定的其他条件。

（二）录用与任免

1.录用

录用担任主任科员以下及其他相当职务层次的非领导职务公务员，采取公开考试、严格考察、平等竞争、择优录取的办法。

2.任免

公务员基本任职制度有委任制和聘任制。国家公务员职务主要实行委任制，部分职务实行聘任制。

（1）任职情形主要有：新录用人员试用期满合格的；从其他机关及企业、事业单位调入国家行政机关任职的；转换职位任职的；晋升或者降低职务的；因其他原因职务发生变化的。

（2）免职情形主要有：转换职位任职的；晋升或降低职务的；离职学习期限超过1年的；因健康原因不能坚持正常工作1年以上的；退休的；因其他原因职务发生变化的。

（3）兼职：国家公务员原则上一人一职，确实因为工作需要，经过任免机关批准，可以在国家行政机关内兼任一个实职。国家公务员不得在企业和营利性事业单位兼任职务。

（三）考核与升降

1.考核

（1）考核的内容有德、能、勤、绩、廉五个方面，重点考核工作业绩；考核应坚持客观公正、领导与群众相结合、平时与定期相结合的原则；考核采取平时考核与年度考核相结合的方式；定期考核的结果分为优秀、称职、基本称职和不称职四个等次，定期考核的结果应当以书面形式通知公务员本人。

（2）奖励：奖励原则是精神鼓励与物质鼓励相结合；奖励种类是嘉奖，记三等功、二等功、一等功，授予荣誉称号。

（3）惩戒：惩戒种类有警告、记过、记大过、降级、撤职、开除。

2.职务升降

（1）晋升国家公务员的职务，应当按照规定的职务序列逐级晋升。个别德才表现和工作实绩特别突出的，可以越一级晋升，但是必须按照规定报有关部门同意。

（2）国家公务员在年度考核中被确定为不称职的，或者不胜任现职又不宜转任同级其他职务的，应当按照规定程序予以降职。

以案释法 ⑤

公务员考核应符合法律规定

【案情介绍】孔某是某县原二轻局审计监察室副主任，因病于2007年休假一年。在2007年度考核中，孔某被定为不称职等次，单位未将这一结果通知孔某。2010年，孔某发现自己的工资没能正常晋档，经询问人事局才知道了事情原委。因二轻局已被撤销，孔某直接向县人事局仲裁办提出申诉。仲裁办受理该案后，即责成二轻局原负责人召集2007年度考核小组成员及部分参与评议的群众代表组成临时述辩小组。该小组称，2007年度，部分群众反映孔某在外做生意，影响极坏，加之该同志在2006年度表现很差。所以，40%的群众投了他不称职票，经考核小组讨论，评定为不称职。

考核结束后，怕影响孔某治疗，故没有通知其考核结果。最后，仲裁办作出裁决：1. 撤销二轻局的决定；2. 孔某不参加2007年度的考核；3. 对现已经分流的原负责考核的相关人员作通报批评的处理。

【以案释法】本案中，二轻局将孔某列入2007年度的考核对象，违反了"因病、事假累计超过半年的国家公务员，不进行考核"的规定；不通知本人，剥夺了被考核人的申诉权；将2006年的工作表现作为2007年的考核依据，更是不符合法律规定。

（四）退出行政职务

1. 退休

男性年满60周岁，女性年满55周岁；或者丧失工作能力即可退休。

2. 辞职

公务员向任免机关提出书面申请，任免机关在三十日内予以审批。其中对领导辞去公职的申请，应当自接到申请之日起九十日内予以审批。审批期间申请人不得擅自离职。擅自离职的，给予开除处分。在涉及国家秘密等特殊职位任职或者离开上述职位不满国家规定的脱密期限的，不能辞职。

3. 辞退

辞退是国家行政机关单方面解除国家公务员与行政机关之间行政职务的制度，以使不宜继续担任国家行政职务的公务员退出国家行政职务。

第四节　行政许可

一、行政许可的概述

行政许可，是指在法律一般禁止的情况下，行政主体根据行政相对方的申请，经依法审查，通过颁发许可证、执照等形式，赋予或确认行政相对方从事某种活动的法律资格或法律权利的行政行为。

行政许可的原则有合法性原则、公开公平公正原则、便民原则、救济原则、信赖保护原则、行政许可一般不得转让原则、监督原则等。

二、行政许可的范围

行政许可的范围，根据行政许可法第十二条"下列事项可以设定行政许可：（一）直接涉及国家安全、公共安全、经济宏观调控、生态环境保护以及直接关系人身健康、生命财产安全等特定活动，需要按照法定条件予以批准的事项；（二）有限自然资源开发利用、公共资源配置以及直接关系公共利益的特定行业的市场准入等，需要赋予特定权利的事项；（三）提供公众服务并且直接关系公共利益的职业、行业，需要确定具备特殊信誉、特殊条件或者特殊技能等资格、资质的事项；（四）直接关系公共安全、人身健康、生命财产安全的重要设备、设施产品、物品，需要按照技术标准、技术规范，通过检验、检测、检疫等方式进行审定的事项；（五）企业或者其他组织的设立等，需要确定主体资格的事项；（六）法律、行政法规规定可以设定行政许可的其他事项。"

可以设定行政许可的事项的例外，根据行政许可法第十三条规定："本法第十二条所列事项，通过下列方式能够予以规范的，可以不设行政许可：（一）公民、法人或者其他组织能够自主决定的；（二）市场竞争机制能够有效调节的；（三）行业组织或者中介机构能够自律管理的；（四）行政机关采用事后监督等其他行政管理方式能够解决的。"

🔍 以案释法 06

行政许可不得随意设定

【案情介绍】2008年9月2日，河南省漯河市某镇下发《关于加强秋季秸秆禁烧工作的紧急通知》的文件，明确规定收割玉米的农户要先办理"砍伐证""准运证"，每亩玉米缴费500元后，才能收割，否则将"给予严重处罚直至追究刑事责任"。绝大多数农户未办"两证"，致使数万亩成熟玉米无法收割，村民们心急如焚。此事经媒体曝光后，9月18日上午，该镇所在区委常委会作出决定，因违规发放"玉米秸秆砍伐证"，裴城镇党委书记和镇长按相关程序免职。

【以案释法】行政许可法第十七条规定，省级人民政府以下的行政机关或者其内部机构不能通过发文件的方式设定行政许可。显然，该镇根本没有设定行政许可的权限，无权发文规定砍伐秸秆要办手续并缴费。

三、行政许可的种类

从行政许可的性质、功能和适用条件的角度来说，大体可以划分为五类：普通许可、特许、认可、核准、登记。

（一）普通许可

普通许可是准许符合法定条件的相对人行使某种权利的行为。凡是直接关系国家安全、公共安全的活动，基于高度社会信用的行业的市场准入和法定经营活动，直接关系到人身健康、生命财产安全的产品、物品的生产及销售活动，都适用于普遍许可，如游行示威的许可，烟花爆竹的生产与销售的许可等。

（二）特许

特许是行政机关代表国家向被许可人授予某种权利或者对有限资源进行有效配置的管理方式。主要适用于有限自然资源的开发利用、有限公共资源的配置、直接关系公共利益的垄断性企业的市场准入，如出租车经营许可、排污许可等。

（三）认可

认可是对相对人是否具有某种资格、资质的认定，通常采取向取得资格的人员颁发资格、资质证书的方式，如会计师、医师的资质。

（四）核准

核准是行政机关按照技术标准、经济技术规范，对申请人是否具备特定标准、规范的判断和确定。主要适用于直接关系公共安全、人身健康、生命财产安全的重要设备、设施的设计、建造、安装和使用，以及直接关系人身健康、生命财产安全的特定产品、物品的检验、检疫，如电梯安装的核准、食用油的检验。

（五）登记

登记是行政机关对个人、企业是否具有特定民事权利能力和行为能力的主体资格和特定身份的确定，如工商企业注册登记、房地产所有权登记等。

四、行政许可的实施

（一）实施主体

行政许可实施主体是指行使行政许可权并承担相应责任的行政机关和法律、法规授权的具有管理公共事务职能的组织。行政许可的实施主体主要有三种：法定的行政机关、被授权的具有管理公共事务职能的组织、被委托的行政机关。

（二）实施程序

1. 申请与受理

公民、法人或者其他组织向行政机关提出申请，应如实提交有关材料和反映真实情况，并对其申请材料实质内容的真实性负责。行政机关对申请人提出的行政许可申请应当根据不同情况分别作出受理或不受理的处理决定。

2. 审查与决定

行政机关对申请人提交申请材料进行审查。材料齐全、符合法定形式，行政机关能够当场作出决定的，应当当场作出书面的行政许可决定；不能当场作出行政许可决定的，应当在法定期限内按照规定程序作出行政许可决定。

3. 听证

法律、法规、规章规定实施行政许可应当听证的事项，或者行政机关认为需要听证的其他涉及公共利益的重大行政许可事项，行政机关应当向社会公告，并举行听证。

4. 变更与延续

行政机关不得擅自改变已经生效的行政许可。行政许可决定所依据的法律、法规、规章修改或者废止，或者准予行政许可所依据的客观情况发生重大变化，行政机关为了公共利益的需要，可以依法变更或者撤回已经生效的行政许可，但应当对由此给公民、法人或者其他组织造成的财产损失依法给予补偿。

被许可人要求变更行政许可事项的，应当向作出行政许可决定的行政机关提出申请；符合法定条件、标准的，行政机关应当依法办理变更手续。需要延续依法取得的行政许可的有效期的，应当在该行政许可有效期届满三十日前向作出行政许可决定的行政机关提出申请。但是，法律、法规、规章另有规定的，依照其规定。行政机关应当根据被许可人的申请，在该行政许可有效期届满前作出是否准予延续的决定；逾期未作决定的，视为准予延续。

第五节　行政处罚

一、行政处罚的概述

行政处罚是指具有行政处罚权的行政主体为维护公共利益和社会秩序，保护公民、法人或其他组织的合法权益，依法对行政相对人违反行政法律规范而尚未构成犯罪的行政行为所实施的法律制裁。

行政处罚的原则包括法定原则，公正公开原则，处罚与违法行为相适应原则，处罚与教育相结合的原则等。

二、行政处罚的种类

行政处罚的种类，主要是指行政处罚机关对违法行为的具体惩戒制裁手段。我国的行政处罚可以分为以下几种：

（一）人身罚

人身罚也称自由罚，是指特定行政主体限制和剥夺违法行为人的人身自由的行政处罚。这是最严厉的行政处罚。人身罚主要是指行政拘留。

行政拘留，也称治安拘留，是特定的行政主体依法对违反行政法律规范的公民，在短期内剥夺或限制其人身自由的行政处罚。

（二）行为罚

行为罚又称能力罚，是指行政主体限制或剥夺违法行为人特定的行为能力的制裁形式。它是仅次于人身罚的一种较为严厉的行政处罚措施。

1. 责令停产停业

这是行政主体对从事生产经营者所实施的违法行为而给予的行政处罚措施。它直接剥夺生产经营者进行生产经营活动的权利，只适用于违法行为严重的行政相对人。

2. 暂扣或者吊销许可证和营业执照

这是指行政主体依法收回或暂时扣留违法者已经获得的从事某种活动的权利或资格的证书，目的在于取消或暂时中止被处罚人的一定资格、剥夺或限制某种特许的权利。

（三）财产罚

财产罚是指行政主体依法对违法行为人给予的剥夺财产权的处罚形式。它是运用最广泛的一种行政处罚。

1. 罚款

这是指行政主体强制违法者承担一定金钱给付义务，要求违法者在一定期限内交纳一定数量货币的处罚。

2. 没收财物

没收财物具体包括没收违法所得和没收非法财物。没收违法所得，指行政主体依法没收违法行为人的部分或全部违法所得。没收非法财物，属于将违禁品或实施违法行为的工具收归国有的处罚方式。

（四）申诫罚

申诫罚又称精神罚、声誉罚，是指行政主体对违反行政法律规范的公民、法人或其他组织的谴责和警戒。它是对违法者的名誉、荣誉、信誉或精神上的利益造成一定损害的处罚方式。

三、行政处罚的实施

（一）行政处罚的实施机关

国务院或者经国务院授权的省、自治区、直辖市人民政府可以决定一个行政机关行使有关行政机关的行政处罚权，但限制人身自由的行政处罚权只能由公安机关行使。

法律、法规授权的具有管理公共事务职能的组织可以在法定授权范围内实施行政处罚。

行政机关依照法律、法规或者规章的规定，可以在其法定权限内委托符合法定条件的组织实施行政处罚。行政机关不得委托其他组织或者个人实施行政处罚。

（二）行政处罚的管辖和适用

行政处罚由违法行为发生地的县级以上地方人民政府具有行政处罚权的行政机关管辖。法律、行政法规另有规定的除外。

行政机关实施行政处罚时，应当责令当事人改正或者限期改正违法行为。对当事人的同一个违法行为，不得给予两次以上罚款的行政处罚。

（三）行政处罚的程序

1. 简易程序

行政处罚的简易程序又称当场处罚程序，指行政处罚主体对于事实清楚、情节简单、后果轻微的行政违法行为，当场作出行政处罚决定的程序。

适用简易程序的行政处罚必须符合以下条件：（1）违法事实确凿；（2）对该违法行为处以行政处罚有明确、具体的法定依据；（3）处罚较为轻微，即对个人处以50元以下的罚款或者警告，对法人或者组织处以1000元以下的罚款或者警告。

2. 一般程序

一般程序是行政机关进行行政处罚的基本程序。一般程序适用于处罚较重或情节复杂的案件以及当事人对执法人员给予当场处罚的事实认定有分歧而无法作出行政处罚决定的案件。

根据行政处罚法的规定，行政机关作出责令停产停业、吊销许可证或者执照、较大数额罚款等行政处罚决定之前，应当告知当事人有要求举行听证的权利。当事人要求听证的，行政机关应当组织听证。

（四）行政处罚的执行

行政处罚决定一旦作出，就具有法律效力，处罚决定中所确定的义务必须得到履行。处罚执行程序有三项重要内容：

1. 实行处罚机关与收缴罚款机构相分离

行政处罚决定作出后，除数额在20元以下、事后难以执行或者交通偏远的以外，作出罚款决定的行政机关及其工作人员不能自行收缴罚款，由当事人15日内到指定的银行缴纳罚款，银行将收缴的罚款直接上缴国库。

2. 严格实行收支两条线，罚款必须全部上交财政

行政机关实施罚款、没收非法所得等处罚所收缴的款项，必须全部上交国库，财政部门不得以任何形式向作出行政处罚的机关返还这些款项的全部或部分。

3. 行政处罚的强制执行

行政处罚决定作出之后，当事人应当在法定期限内自觉履行义务，如果当事人没有正当理由逾期不履行，将导致被罚款或强制执行。

🔍 以案释法 ⑰

行政处罚应合法

【案情介绍】1999年，李某下岗后开了一家百货商店谋生，并依法进行了工商与税务登记。李某每月按时交纳工商管理费并依法纳税，生意一直不错。2001年2月13日，区工商行政管理局三名工作人员来到了李某的商店，以检查工作为名要求李某请他们吃饭，遭到了李某的拒绝，由此对李某怀恨在心。2001年3月15日，全国展开了声势浩大的"打假"活动。区工商行政管理局三名工作人员再次来到李某的商店，声称李某涉嫌经营假冒伪劣产品，吊销了李某的营业执照，并作出当场罚款3000元的行政处罚。由于李某的营业执照被吊销，致使其遭受了近10000元的损失。李某遂向人民法院提起行政诉讼，要求法院撤销区工商行政管理局的行政处罚决定。法院经过审查，认为李某一直守法经营，从未经销过假冒伪劣产品，区工商行政管理局吊销李某的营业执照、处以3000元的罚款属于违法行为，依法予以撤销。

【以案释法】本案中，区工商行政管理局的这一处罚行为属于严重的行政违法行为。首先，区工商行政管理局作出行政处罚决定缺乏事实根据，属无中生有。其次，区工商局作出行政处罚的程序严重违法。三名工作人员没有告知李某有要求听证的权利，当场作出处罚决定，同时擅自收缴罚款，这些行为都严重违反了行政处罚法的相关规定，故而该处罚应当予以撤销。

第六节　行政强制

一、行政强制的概述

2011年6月30日，十一届全国人大常委会二十一次会议表决通过了行政强制法，自2012年1月1日起施行。该法规范的行政强制包括两个类型：一类是行政强制措施，一类是行政强制执行。

行政强制的原则包括：法定原则、适当原则、教育与强制相结合原则、权力不得滥用原则、相对人有权要求赔偿原则等。

二、行政强制措施

（一）行政强制措施的概念

行政强制措施，是指行政机关在行政管理过程中，为制止违法行为、防止证据损毁、避免危害发生、控制危险扩大等情形，依法对公民的人身自由实施暂时性限制，或者对公民、法人或者其他组织的财物实施暂时性控制的行为。

（二）行政强制措施的种类和设定

1.行政强制措施的种类

行政强制措施的种类包括：（1）限制公民人身自由；（2）查封场所、设施或者财物；（3）扣押财物；（4）冻结存款、汇款；（5）其他行政强制措施。

2.设定

（1）行政强制措施由法律设定。

（2）尚未制定法律，且属于国务院行政管理职权事项的，行政法规可以设定除限制公民人身自由、冻结存款汇款和应当由法律规定的行政强制措施以外的其他行政强制措施。

（3）尚未制定法律、行政法规，且属于地方性事务的，地方性法规可以设定查封场所、设施或者财物，扣押财物的行政强制措施。

法律、法规以外的其他规范性文件不得设定行政强制措施。

（三）实施行政强制措施的基本规则

一是实施行政强制措施的主体为法律、法规规定的行政机关；二是行政强制措施由行政机关在法定职权范围内实施，行政强制措施权不得委托；三是行政强制措施由行政机关具备资格的行政执法人员实施，其他人员不得实施；四是违法行为情节显著轻微或者没有明显社会危害的，可以不采取行政强制措施。

三、行政强制执行

（一）行政强制执行的概念

行政强制执行，是指行政机关或者行政机关申请人民法院，对不履行行政决定的公民、法人或者其他组织，依法强制履行义务的行为。

（二）行政强制执行的方式和设定

1.方式

行政强制执行的方式包括：（1）加处罚款或者滞纳金；（2）划拨存款、汇款；（3）拍卖或者依法处理查封、扣押的场所、设施或者财物；（4）排除妨碍、恢复原状；（5）代履行；（6）其他强制执行方式。

2.设定

（1）行政强制执行由法律设定。

（2）起草法律草案、法规草案，拟设定行政强制的，起草单位应当采取听证会、论证会等形式听取意见，并向制定机关说明设定该行政强制的必要性、可能产生的影响以及听取和采纳意见的情况。

（3）行政强制的设定机关应当定期对其设定的行政强制进行评价，并对不适当的行政强制及时予以修改或者废止。

（三）行政强制执行的基本程序

行政强制执行程序分为行政机关强制执行和申请人民法院强制执行两种。法律没有规定行政机关强制执行的，由作出行政决定的行政机关申请人民法院强制执行。

1.行政机关强制执行

行政机关依法作出行政决定后，当事人在行政机关决定的期限内不履行义务的，具有行政强制执行权的行政机关可以依法强制执行。

（1）行政机关作出强制执行决定前，应当事先催告当事人履行义务。催告应该以书面方式作出。

（2）当事人收到催告书后有权进行陈述和申辩。行政机关应当充分听取当事人的意见，对当事人提出的事实、理由和证据，应当进行记录、复核。当事人提出的事实、理由或者证据成立的，行政机关应当采纳。

（3）经催告，当事人逾期仍不履行行政决定，且无正当理由的，行政机关可以作出强制执行决定。在催告期间，对有证据证明有转移或者隐匿财物迹象的，行政机关可以作出立即强制执行决定。

（4）在执行中或者执行完毕后，据以执行的行政决定被撤销、变更，或者执行错误的，应当恢复原状或者退还财物；不能恢复原状或者退还财物的，依法给予赔偿。

（5）实施行政强制执行，行政机关可以在不损害公共利益和他人合法权益的情况下，与当事人达成执行协议。执行协议应当履行。当事人不履行执行协议的，行政机关应当恢复强制执行。

2.申请人民法院强制执行

当事人在法定期限内不申请行政复议或者提起行政诉讼，又不履行行政决定的，没有行政强制执行权的行政机关可以自期限届满之日起3个月内，依照行政强制的规定申请人民法院强制执行。执行的程序如下：（1）行政机关申请人民法院强制执行前，应当催告当事人履行义务；（2）催告书送达10日后当事人仍未履行义务的，行政机关可以向有管辖权的人民法院申请强制执行；（3）人民法院接到行政机关强制执行的申请，应当在5日内受理；（4）人民法院对行政机关强制执行的申请进行书面审查，对材料齐全，且行政决定具备法定执行效力的，应当自受理之日起7日内作出执行裁定。

🔍以案释法 ⑧

行政强制执行过程必须合法

【案情介绍】2009年3月9日，某区人民政府根据该区国土局的申请，作出行政决定书，要求赵某收到该决定书之日起15日内自行拆除原农村房屋。如不按期履行，政府将实施强制执行。赵某没有自行拆除。区政府于2009年3月24日发出强制拆除公告，决定于2009年3月29日实施强制拆除。在强制拆除过程中，区公证处到场对执法过程中从被拆除的房屋中搬移的物品进行清点、公证。由于赵某拒不接收被搬移出的物品，区政府在公证处清点登记后，将搬移物品另行存放，并通知赵某接收，赵某虽然签收了该通知，但一直未实际接收，至2011年2月，所有另行存放的物品全部损失。事后，赵某因不服区政府强制拆除决定并认为强制拆除行为过程违法，损害了自己的财产而诉至法院，要求法院撤销区政府的行政决定书，并判令被告赔偿损失。本案经两审终审，法院认定区政府的行政决定书合法有效，予以维持，但区人民政府应承担对财产损失的赔偿。

【以案释法】本案中，虽然区政府作出行政强制执行的决定合法有效，但是其强制执行过程中却存在违法行为。在对房屋进行强制拆除时，区政府未对房屋内的财物进行有效保护，致使房屋内的财物在强制拆除时损坏和丢失，且在运转和存放时，其提供保管财物的地点未设置安全措施，致使财物丢失和损坏，因此，法院确认区政府强制拆除和运转、保管财物的事实行为违法，并判令其承担赔偿责任。

第七节 行政复议

一、行政复议的概述

行政复议是行政系统内部的一种自我纠错机制，是指公民、法人或其他组织认为行政机关的行政行为侵犯其合法权益，按照法定的程序和条件向法定的行政机关提出复议申请，受理申请的行政机关对该行政行为进行复查，并作出复议决定的活动。

行政复议的一般原则主要有合法原则、公正原则、公开原则、及时原则、便民原则等，但最能体现行政复议特殊性的是有错必纠原则。有错必纠原则是指行政复议机关对被申请复议的行政行为进行全面的审查，不论是违法，还是不当，也不论申请人有否请求，只要有错误一概予以纠正，这是行政复议不同于行政诉讼的重要之处。

二、行政复议的范围

根据行政复议法第六条规定"有下列情形之一的，公民、法人或者其他组织可以依照本法申请行政复议：（一）对行政机关作出的警告、罚款、没收违法所得、没收非法财物、责令停产停业、暂扣或者吊销许可证、暂扣或者吊销执照、行政拘留等行政处罚决定不服的；（二）对行政机关作出的限制人身自由或者查封、扣押、冻结财产等行政强制措施决定不服的；（三）对行政机关作出的有关许可证、执照、资质证、资格证等证书变更、中止、撤销的决定不服的；（四）对行政机关作出的关于确认土地、矿藏、水流、森林、山岭、草原、荒地、滩涂、海域等自然资源的所有权或者使用权的决定不服的；（五）认为行政机关侵犯合法的经营自主权的（六）认为行政机关变更或者废止农业承包合同，侵犯其合法权益的；（七）认为行政机关违法集资、征收财物、摊派费用或者违法要求履行其他义务的；（八）认为符合法定条件，申请行政机关颁发许可证、执照、资质证、资格证等证书，或者申请行政机关审批、登记有关事项，行政机关没有依法办理的；（九）申请行政机关履行保护人身权利、财产权利、受教育权利的法定职责，行政机关没有依法履行的；（十）申请行政机关依法发放抚恤金、社会保险金或者最低生活保障费，行政机关没有依法发放的；（十一）认为行政机关的其他行政行为侵犯其合法权益的。"

根据行政复议法第七条规定，"公民、法人或者其他组织认为行政机关的行政行为所依据的下列规定不合法，在对行政行为申请行政复议时，可以一并向行政复议机关提出对该规定的审查申请：（一）国务院部门的规定；（二）县级以上地方各级人民政府及其工作部门的规定；（三）乡、镇人民政府的规定。前款所列规定不含国务院部、委员会规章和地方人民政府规章。规章的审查依照法律、行政法规办理。"

申请行政复议的事项必须属于行政复议受案范围

【案情介绍】某水电站系1991年6月成立、登记为集体性质的镇办企业。2010年7月，县国资局作出《对水电站资产产权界定的批复》，认定其资产为国有资产。水电站不服向法院提起诉讼，经终审判决确认水电站资产为国有资产。

2012年9月，镇政府发布公告关闭水电站，由清算组接管其资产。水电站不服关闭清算决定，向县法院提起诉讼，称镇政府侵犯其企业经营自主权，请求撤销公告。县法院认为镇政府关闭水电站是以出资人身份作出的自主经营决定，不是行政机关履行管理职责行为，水电站请求事项不属于法院行政诉讼受案范围，裁定不予受理。水电站不服，提起上诉。上诉法院维持一审法院意见，认为水电站的资产于2010年已被界定为国有资产，并经法院生效判决确认，镇政府根据县政府《同意水电站关闭的批复》发布公告，对水电站予以关闭清算，是行使国有资产出资人权利、履行出资人职责的行为，不是行政机关行使行政职权、履行社会公共管理职能的行为，不属于行政诉讼法的调整范围，驳回上诉，维持原裁定。

【以案释法】本案有两个焦点，一是工商登记为集体所有的企业经济性质为什么最后认定为国有企业？二是行政机关履行国有企业出资人职责的行为能否列入行政诉讼受案范围？

关于第一个问题，根据《集体企业国有资产产权界定暂行办法》规定，全民所有制企业、事业单位、国家机关等全民单位以货币、实物和所有权属于国家的土地使用权、知识产权等独资创办的以集体所有制名义注册登记的企业，其资产所有权应界定为国有资产。因此对于"名"为集体而已通过产权界定程序确定"实"为国有的企业，应当根据资产性质视为国家出资的国有企业，适用企业国有资产法等国有资产监督管理法律、法规处理法律上的权利义务关系。

此外，司法裁判的效力高于工商登记，工商登记对企业经济性质的记载不妨碍司法裁判，在司法裁判对企业经济性质作出认定后，可根据需要通过变更登记解决两者之间的冲突。工商登记的目的在于明确企业所有制形式，反映资产来源及产权归属，只有公示作用而并无实际确权或权利设定功能，因而将资产属于国有但工商登记为集体的企业视为国有企业体现了企业经济性质与产权归属的一致。所以，本案中企业经济性质应当根据实际产权归属确定，实至名归的认定才能正确处理相关企业法律上的权利义务关系。

关于第二个问题，行政机关履行出资人职责的行为不属于行政诉讼的受案范围。提起行政诉讼的行政行为，需同时具备三个基本要件：一是主体要件，即行政行为的主体应是行政主体；二是职权要件，即行政行为必须是属于履行社会公共事务管理职能的行为；三是行为要件，即必须要有具体的行政行为，包括作为或不作为。本案中，行政机关履行出资人职责的行为不具有履行行政管理职能的属性，行政机关履行出资人职责的行为不具有履行行政管理职能的属性，恰恰是作为国有资产出资人行使企业自主经营权的表现。

随着改革的深入推进，各级政府对国有企业管理引发的纷争是否属于行政诉讼受案范围，这类诉讼将会增多。这里，通常需要着重把握下列两类问题：

一是行政机关侵犯国有企业经营自主权的行为本身属于行政诉讼的受案范围。行政诉讼法第十二条第七项规定，行政机关侵犯法律规定的经营自主权的行为属于行政诉讼的受案范围，本身没有排除不适用于国有企业。根据《最高人民法院关于当事人对行政机关作出的全民所有制工业企业分立的决定不服提起诉讼人民法院应作何种行政案件受理问题的复函》（法函〔1994〕34号）和《关于对因政府调整划转企业国有资产引起的纠纷是否受理问题的批复》（法复〔1996〕4号）的相关规定及内在的立法精神，行政机关对国有企业作出的分立、调整划转企业国有资产的行为属于侵犯法律规定的经营自主权的行为，当事人提起行政诉讼的，人民法院应予受理。《最高人民法院关于执行〈中华人民共和国行政诉讼法〉若干问题的解释》列举了部分典型的侵犯企业经营自主权的行为，如行政机关注销、撤销、合并、强令兼并、出售、分立企业或者改变企业隶属关系。实践中行政机关侵犯企业经营自主权的情形要宽泛、复杂得多。具体而言，主要包括以下几个方面的权利：第一，企业财产权，即企业对其管理的资产享有的占有、使用和收益的权利。第二，人事管理权，包括选择管理者及其对职工依法进行劳动管理的权利。第三，经营决策权，包括企业设立、分立、合并、投资、出售、关闭、解散以及改变经营体制等重大事项的决策权和企业管理、经营活动中具体事务的决定权等。一旦行政机关作出的行政行为对国有企业上述权利的自主行使带来干扰、形成障碍，应当认定为侵犯国有企业经营自主权的行为。

二是对行政机关履行出资人职责行为的界定。行政机关对国有企业履行出资人职责的行为，可从三个方面的构成要件上进行认定：（1）主体

的特定性。根据企业国有资产法、企业国有资产监督管理暂行条例等相关规定，履行出资人职责的主体只能是国务院、地方人民政府、国务院国有资产监督管理机构以及地方人民政府按规定设立的国有资产监督管理机构，以及国务院和地方人民政府根据需要授权的其他部门、机构。（2）范围的特定性。有关行政机关对国家出资企业作出行为的事项必须符合法律、行政法规等规定的履行出资人职责范围内的事项，如制定公司章程，享有资产收益、承担相应责任，参与重大决策和选择管理者等。否则，该行为不能认定为履行出资人职责的行为。（3）国有资产主管的特定性。具有履行出资人职责的行政机关必须对有关企业国有资产享有主管权限，其行为方可认定为履行出资人职责的行为。

三、行政复议的机关

对县级以上地方各级人民政府工作部门的行政行为不服的，由申请人选择，可以向该部门的本级人民政府申请行政复议，也可以向上一级主管部门申请行政复议。对海关、金融、国税、外汇管理等实行垂直领导的行政机关和国家安全机关的行政行为不服的，向上一级主管部门申请行政复议。

对地方各级人民政府的行政行为不服的，向上一级地方人民政府申请行政复议。对省、自治区人民政府依法设立的派出机关所属的县级地方人民政府的行政行为不服的，向该派出机关申请行政复议。

对国务院部门或者省、自治区、直辖市人民政府的行政行为不服的，向作出该行政行为的国务院部门或者省、自治区、直辖市人民政府申请行政复议。对行政复议决定不服的，可以向人民法院提起行政诉讼；也可以向国务院申请裁决，国务院依照本法的规定作出最终裁决。

四、行政复议的程序

（一）申请

1. 申请时效

申请人申请行政复议，应当在知道被申请人行政行为作出之日起六十日内提出，法律另有规定的除外。

2. 申请条件

（1）申请人是认为行政行为侵犯其合法权益的相对人；（2）有明确的被申请人；（3）有具体的复议请求和事实根据；（4）属于依法可申请行政复议的范围；（5）相应行政复议申请属于受理行政复议机关管辖；（6）符合法律法规规定的其他条件。

（二）受理

行政复议机关收到行政复议申请后，应当在五日内进行审查，对不符合行政复议法规定的行政复议申请，决定不予受理，并书面告知申请人；对符合行政复议法规定，但是不属于本机关受理的行政复议申请，应当告知申请人向有关行政复议机关提出。除上述规定外，行政复议申请自行政复议负责法制工作的机构收到之日起即为受理。

（三）审理

1.审理方式

行政复议原则上实行书面审查办法，但申请人提出要求或复议机关认为有必要时，可以向有关组织和人员调查情况，听取申请人、被申请人和第三人的意见。实行书面审查为原则，口头审查为例外，主要是为了保障行政效率，是行政复议区别于行政诉讼的一个重要方面。

2.举证责任

行政复议案件的审理中，实行被申请人对行政行为负担举证责任的举证规则。

3.查阅材料

行政复议法规定了查阅被申请人提供资料的制度，享有资料查阅权的主体是申请人和第三人；资料查阅的内容，是被申请人提出的书面答复和其他有关材料；查阅资料的例外，是涉及国家秘密、商业秘密或者个人隐私的材料。

4.证据的收集

在复议过程中，被申请人不得自行向申请人和其他有关组织或个人收集证据，即行政复议中的证据限于行政行为作出以前收集到的证据。

5.复议申请的撤回

在复议申请受理之后、行政复议决定作出之前，申请人基于某种考虑主动要求撤回复议申请的，经向行政复议机关说明理由，可以撤回。撤回行政复议申请的，行政复议终止。

（四）决定

1.复议决定作出时限

行政复议机关应当自受理行政复议申请之日起六十日内作出行政复议决定；但是法律另有规定的除外。

2.复议决定的种类

（1）决定维持行政行为；（2）决定撤销、变更或者确认原行政行为违法；（3）决定被申请人在一定期限内履行法定职责；（4）决定被申请人在一定期限内重新作出行政行为；（5）决定赔偿；（6）决定返还财产或者解除对财产的强制措施。

第八节　行政赔偿

一、行政赔偿的概念

行政赔偿是指行政机关及其工作人员在行使行政职权时，违法侵犯公民、法人和其他组织的合法权益造成损害的，国家依法向受害人赔偿的制度。

国家赔偿法规定，国家机关和国家机关工作人员行使职权侵犯公民、法人和其他组织的合法权益造成损害的，受害人有权依法取得国家赔偿的权利。

二、行政赔偿的范围

受害人对国家行政机关及其工作人员侵犯人身权及财产权的行为，有权要求赔偿。

（一）侵犯人身权的行为

第一，违法拘留或者违法采取限制公民人身自由的行政强制措施的；第二，非法拘禁或者以其他方法非法剥夺公民人身自由的；第三，以殴打等暴力行为或者唆使他人以殴打等暴力行为造成公民身体伤害或者死亡的；第四，违法使用武器、警械造成公民身体伤害或者死亡的；第五，造成公民身体伤害或者死亡的其他违法行为。

（二）侵犯财产权的行为

第一，违法实施罚款、吊销许可证和执照、责令停产停业、没收财物等行政处罚的；第二，违法对财产采取查封、扣押、冻结等行政强制措施的；第三，违法征收、征用财产的；第四，造成财产损害的其他违法行为。

（三）不承担赔偿责任的情形

第一，行政机关工作人员与行使职权无关的个人行为；第二，因公民、法人和其他组织自己的行为致使损害发生的；第三，法律规定的其他情形。

🔍 以案释法 ⑩

公务行为造成伤害，行政机关承担赔偿责任

【案情介绍】张某用自行车驮着两筐白菜到农贸市场出售。张某没有前往指定摊位，而是在存放自行车处叫卖。工商管理员王某以张某未在指定摊位出售为由，将张某的秤杆和秤砣拿走。张某赶往工商管理局市场办公室去索要秤杆和秤砣，与王某发生争执，并与王某及其同事厮打。张某全身多处受伤，事后不得不住院治疗，共花去医药费千余元。张某出院后，要求工商管理局赔偿损失。县工商管理局审查后认为，王某和其他几位肇事者的伤害行为与工商管理局无关，属个人行为，对张某的赔偿请求不予受理。张某不服，遂向县人民法院提起诉讼，请求行政赔偿。县

人民法院最后认定该案属于行政赔偿案件，判决工商管理局向张某赔偿医疗费、误工补贴费共计3500元。

【以案释法】本案中，王某属于市场管理人员，其对张某的处罚行为显然是行使职权的公务行为，而王某等人与张某的厮打，也是因为处罚行为而起。因而王某等人对张某造成伤害也应认定为公务行为，工商管理局应对此承担赔偿责任。

三、行政赔偿请求人和义务机关

（一）赔偿请求人

行政赔偿请求人包括受害的公民、法人和其他组织。受害的公民死亡，其继承人和其他有扶养关系的亲属有权要求赔偿。受害的法人或者其他组织终止，承受其权利的法人或者其他组织有权要求赔偿。

（二）行政赔偿义务机关

其一，行政机关及其工作人员行使行政职权侵犯公民、法人和其他组织的合法权益造成损害的，该行政机关为赔偿义务机关。

其二，两个以上行政机关共同行使行政职权时侵犯公民、法人和其他组织的合法权益造成损害的，共同行使行政职权的行政机关为共同赔偿义务机关。

其三，法律、法规授权的组织在行使授予的行政权力时侵犯公民、法人和其他组织的合法权益造成损害的，被授权的组织为赔偿义务机关。

其四，受行政机关委托的组织或者个人在行使受委托的行政权力时侵犯公民、法人和其他组织的合法权益造成损害的，委托的行政机关为赔偿义务机关。

其五，赔偿义务机关被撤销的，继续行使其职权的行政机关为赔偿义务机关；没有继续行使其职权的行政机关的，撤销该赔偿义务机关的行政机关为赔偿义务机关。

四、行政赔偿的程序

赔偿请求人要求赔偿，应当先向赔偿义务机关提出，也可以在申请行政复议或者提起行政诉讼时一并提出。

（一）单独提出赔偿请求的程序

受害人单独提出赔偿请求的，应当首先向赔偿义务机关提出，赔偿义务机关应当自收到申请之日起两个月内，作出是否赔偿的决定。赔偿义务机关拒绝受理赔偿请求，或者在法定期限内不作出决定的，受害人可以提起行政诉讼。

（二）一并提出赔偿请求的程序

申请人在行政复议中一并提出赔偿请求的受理和审理适用行政复议程序。行政复议机关对符合国家赔偿法的有关规定应当给予赔偿的，在决定撤销、变更行政行为或者确认行政行为违法时，应当同时决定被申请人依法给予赔偿。

第九节　行政合同与政府采购

一、行政合同

（一）概念和种类

行政合同，是指行政主体为了实现行政管理目标，与相对人之间经过协商一致所达成的协议。

目前，我国的行政合同主要有以下几种：国有土地使用权出让合同、公用征收补偿合同、国家科研合同、农村土地承包合同、国家订购合同、公共工程承包合同、计划生育合同等。

（二）订立和效力

1.行政合同的订立

行政合同原则上应当采用书面形式。行政合同的内容，由当事人约定。但行政机关在合同内容的协商中，不得超越其权限，并符合法律授权的目的和其他要求。

行政合同的订立遵守要约、承诺规则，原则上应当依法采用招标或者其他竞争性方式。不采用竞争方式订立合同的，应当符合法律、法规、规章规定的条件。

2.行政合同的效力

依法成立的行政合同自成立时生效。法律、行政法规规定应当办理批准、登记、备案等手续生效的，应当依照其规定。

行政机关超越法定职权订立的行政合同应当无效；依据无效的具体行政决定订立的行政合同无效。

（三）履行

行政合同的履行需要遵循以下原则：

1.实际履行原则

严格按照行政合同约定的标的履行，不能任意用其他标的来代替。

2.本人亲自履行原则

合同签订后，相对人必须自己亲自履行合同，非经行政机关同意，不能随意更换他人或委托他人履行。

3.全面、适当履行原则

当事人必须按照合同规定的内容全面适当履行合同，包括履行主体、标的、时间、地点、方式等，都必须按照合同的约定履行，不能任意变更。

4. 诚实信用原则

相对人不能只追求个人利益，损害公共利益；行政机关不能因其处于管理者的地位，随意变更和解除合同，损害相对人的利益，即使行政机关因公共利益的需要而变更或解除合同，也要尽量避免或减少可能对相对人所造成的损害。

二、政府采购

（一）概念和原则

政府采购是指各级国家机关、事业单位和团体组织，使用财政性资金采购依法制定的集中采购目录以内的或者采购限额标准以上的货物、工程和服务的行为。

政府采购的基本原则包括：公开透明原则、公平竞争原则、公正原则和诚实信用原则。

（二）当事人

1. 采购人

采购人是依法进行政府采购的国家机关、事业单位、团体组织。单位能否成为独立的采购人，不仅在于它们是国家机关、事业单位和团体组织，还取决于有关法律的规定，例如财政法上有关预算单位的规定。另外，企业不能成为独立采购人。

2. 采购代理机构

采购代理机构，是根据采购人委托办理采购事宜的代理机构。这样的机构主要有两类：一是人民政府设立的集中采购机构，性质上是非营利事业法人；二是政府部门认定资格的采购代理机构，性质上是社会中介组织或者企业。

3. 供应商

供应商是指向采购人提供货物、工程和服务的法人、其他组织或者自然人。政府采购法对供应商的基本资格条件提出了明确要求。

（三）采购方式

政府采购采用公开招标、邀请招标、竞争性谈判、单一来源采购、询价以及国务院政府采购监督管理部门认定的其他采购方式。公开招标应作为政府采购的主要采购方式。

（四）保护制度

政府采购法设置了两类保护制度：一个是保护供应商权利的质疑、投诉制度，一个是保护国家公共利益和第三人利益的监督检查制度。

1. 质疑、投诉

质疑，是供应商就权益遭受损害向采购人提出的法律质疑，采购人有义务作出答复。投诉，是供应商因为不满质疑答复结果或者未能得到及时答复向政府采购监督管理部门提出的法律诉求。政府采购监督管理部门应当依法作出处理决定。供应商对有关投诉的行政决定不服或者逾期未作处理的，可以依法申请行政复议或者向人民法院提起行政诉讼。

2. 监督检查

监督检查，包括两部分：（1）政府采购监督管理部门对采购人及其采购代理机构进行政府采购活动的行政监督检查；（2）任何单位和个人对政府采购活动中的违法行为提出控告和检举进行的监督。

🔍 以案释法 ⑪

政府采购的优越性

【案情介绍】2004年3月18日，上海政府采购网采购论坛栏目刊登了一个成功的政府采购案例：上海市政府采购中心的采购人员在对一个"数据仓库系统"公开招标采购过程中，根据咨询专家的意见，邀请中标候选单位进行询标，并根据各单位的补充资料，与第一候选单位进行商谈和确认。该候选单位详细介绍了该方案核心技术的现状及发展趋势，提出了非常有价值的意见，认为原标书中的某开发平台可以不用购买，同样可以满足需求，实现系统预定功能，并提供了相关资料。使用单位在充分考虑技术先进性、可维护性、可扩展性及现有软件后，决定接受这个意见。由此，节约资金90万元，采购项目节约率达56%。

【以案释法】在这个案例中，采购人员的高度责任感、咨询专家的专业精神、供应商的诚实信用、预算单位的虚心纳谏，四者构成了一个整体，从而使政府采购的优越性得到了充分的体现。

🔍 以案释法 ⑫

行政不作为被判败诉

【案情介绍】2014年10月16日，李某向河南省某市国土资源局（以下简称市国土局）书面提出申请，请求该局依法查处其所在村的耕地被有关工程项目违法强行占用的行为，并向该局寄送了申请书。市国土局收到申请后，没有受理、立案、处理，也未告知李某，李某遂以市国土局不履行法定职责为由诉至法院，请求确认被告不履行法定职责的行政行为违法，并要求被告对土地违法行为进行查处。

该市某区人民法院一审认为，土地管理部门对上级交办、其他部门移送和群众举报的土地违法案件，应当受理。土地管理部门受理土地违法案件后，应当进行审查，凡符合立案条件的，应当及时立案查处；不符合立案条件的，应当告知交办、移送案件的单位或者举报人。本案原告向被告市国土局提出查处违法占地申请后，被告应当受理，被告既没有受理，也没有告知原告是否立案，故原告要求确认被告不履行法定职责违法，并限期履行法定职责的请求，有事实根据和法律依据，本院予以支持。遂判决：一、确认被告对原告要求查处违法占地申请未予受理的行为违法。二、限被告于本判决生效之日起按国土资源行政处罚办法的规定履行法定职责。

市国土局不服，提出上诉。该市中级人民法院二审认为，根据国土资源行政处罚办法规定，县级以上国土资源主管部门"应当依法立案查处，无正当理由未依法立案查处的"，应当承担相应责任。上诉人市国土局未及时将审查结果告知申请人，上诉人的行为未完全履行工作职责，违反了国土资源行政处罚办法第四十五条的相关规定。二审判决驳回上诉，维持原判。

【以案释法】及时处理群众举报、切实履行查处违法占地相关法定职责，回应群众关切、保障土地资源的合法利用是有关土地管理部门的应尽职责。土地资源稀缺、人多地少的现状决定了我国必须实行最严格的土地管理制度，但长期以来土地资源浪费严重，违法违规用地现象普遍，这其中既有土地管理保护不力的原因，也有人民群众难以有效参与保护的因素。公众参与是及时发现和纠正土地违法行为的重要渠道，也是确保落实最严格的土地管理制度的有效手段。依法受理并及时查处人民群众对违法用地行为的举报，是土地管理部门的权力更是义务。对于在处理土地违法案件中，发现违法案件不属于本部门管辖的，也应及时做好相应的案件移送工作。国土资源行政处罚办法第十条明确规定："国土资源主管部门发现违法案件不属于本部门管辖的，应当移送有管辖权的国土资源主管部门或者其他部门。"

以案释法 ⑬

行政机关对不属于本机关办理职责的事项应依法移送有关机关

【案情介绍】2013年12月27日，北京市某工商分局，接到钟某的申诉（举报）信，称其在通州某超市购买的"北大荒富硒米"不符合《预包装食品营养标签通则》的规定，属不符合食品安全标准的违法产品，要求工商分局责令超市退还其货款，进行赔偿，并依法作出行政处罚。同年12月30日，工商分局作出答复，称依据该局调查，钟某反映的食品安全问题目前不属于其职能范围。钟某于2014年1月8日向上级工商管理局提出复议申请，该机关于同年4月2日作出复议决定书，维持答复。钟某不服，以工商分局为被告提起行政诉讼，请求确认工商局处理举报案件程序违法并责令其履行移送职责。

人民法院一审认为，依据国务院食品安全办、国家工商总局、国家质检总局、国家食品药品监管总局的食安办（2013）13号《关于进一步做好机构改革期间食品和化妆品监管工作的通知》《北京市人民政府办公厅关于印发北京市食品药品监督管理局主要职责内设机构和人员编制规定的通知》等文件规定，目前北京市流通环节的食品安全监管职责由北京市食品药品监督管理局承担，故被告工商分局已无职责对流通环节的食品安全进行监管，且其在接到原告钟某举报时应能够确定该案件的主管机关。依照《工商行政管理机关行政处罚程序规定》第十五条规定，工商行政管理机关发现所查处的案件属于其他行政机关管辖的，应当依法移送其他有关机关。本案中当被告认为原告所举报事项不属其管辖时，应当移送至有关主管机关，故判决被告在十五个工作日内就原告举报事项履行移送职责，驳回原告其他诉讼请求。工商分局不服，提出上诉。北京市中级人民法院二审以相同理由判决驳回上诉、维持原判。

【以案释法】在我国，各行政机关的职责既有分工也有交叉，法定职责主要来源于法律、法规、规章和规范性文件，也有的来源于行政管理需要和行政惯例。有关食品生产、流通环节的监督管理职责由工商机关改由食品药品监督管理部门承担，但职责调整的初始阶段，人民群众未必都很清楚，工商机关发现群众对于食品安全问题的举报事项属于其他行政机关管辖的，应当移送相关主管机关，不能一推了之。积极移送也是一种法定职责。本案通过裁判方式进一步明确，行政机关对不属于本机关办理职责事项，如果按照有关规范性文件规定应移送有权机关办理的，应当及时移送。

 思考题

1. 依法行政的基本要求是什么？

2. 公务员的基本权利与基本义务分别是什么？

3. 行政许可的实施程序是怎样的？

第三章　民商事法律制度

★民法调整的是平等主体之间的人身关系、财产关系。

★我国实行婚姻自由，禁止包办婚姻和其他干涉婚姻自由的行为。

★物权是一种绝对的支配权，其种类和内容、效力以及创设的方式，都由法律规定。

★合同是当事人意思自治的结果，对当事人具有法律约束力。

★知识产权主要有著作权、商标权、专利权等，国家重视知识产权保护。

★公司是以其全部资产独立承担责任的企业法人，公司的设立必须符合法律的规定。

★国家加强对证券市场的管理，坚决打击各种证券欺诈行为。

第一节　民商事法律制度概述

一、民法概述

（一）民法的概念和基本原则

民法是调整平等主体的公民之间、法人之间、公民与法人之间的财产关系和人身关系的法律规范的总称。

民法的基本原则包括：

一是平等原则，指当事人在民事活动中的地位平等。

二是自愿原则，也就是"意思自治"原则，指民事主体从事民事活动时，可以基于自己的自由意志设立、变更或终止民事法律关系。

三是公平原则，指民事主体应本着公平观念行使权利，履行义务，兼顾他人利益和社会公共利益。

四是诚实信用原则，指民事主体应当诚实信用地行使自己的权利，履行自己的义务。

五是公序良俗原则，指一切民事活动应当遵守公共秩序及善良风俗。

六是禁止权利滥用原则，指民事主体必须正确行使民事权利，如果行使权利损害同样受到保护的他人利益和社会公共利益时，即构成权利滥用。

七是绿色原则，这是民法总则新确定的一项法律原则，是具有重大意义的创举，规定民事主体从事民事活动，应当有利于节约资源，保护生态环境，这项原则既传承了天地人和，人与自然和谐相处的传统文化理念，又体现了新的发展思想，有利于缓解我国不断增长的人口与资源生态的矛盾。

（二）民事主体的民事权利能力和民事行为能力

民事主体，是指根据法律规定，能够参与民事法律关系，享有民事权利和承担民事义务的当事人。

民事主体必须具有民事权利能力和民事行为能力。民事权利能力是指享受民事权利、承担民事义务的资格。民事行为能力指民事主体通过自己的行为取得民事权利、承担民事义务的资格。

我国的民事主体主要包括：

1. 自然人

凡具有我国国籍的人都是中华人民共和国公民。在我国民法上，公民与自然人是通用的。

公民从出生时起到死亡时止，具有民事权利能力。

十八周岁以上的成年人，具有完全民事行为能力，可以独立进行民事活动。十周岁以上的未成年人是限制民事行为能力人，可以进行与他的年龄、智力相适应的民事活动。不满十周岁的未成年人是无民事行为能力人，由他的法定代理人代理民事活动。

不能完全辨认自己行为的精神病人是限制民事行为能力人，可以进行与他的精神健康状况相适应的民事活动。不能辨认自己行为的精神病人是无民事行为能力人，由他的法定代理人代理民事活动。

2. 法人

法人是具有民事权利能力和民事行为能力，依法独立享有民事权利和承担民事义务的组织。按法人的功能、设立方法以及财产来源的不同，可以把法人分为四类，即企业法人、机关法人、事业单位法人、社会团体法人。

法人的权利能力从法人成立时产生，于法人终止时消灭。法人民事行为能力开始和消灭的时间，与民事权利能力相同。法人的民事权利能力和民事行为能力，受其性质、目的以及法律规定的限制。

3. 其他组织

没有法人资格的组织如果符合一定的条件，如合伙企业、创作作品的非法人单位以及特殊情况下的国家等，也可以成为民事主体。

🔍 以案释法 ⑭

限制民事行为能力人只能进行与其能力相适应的民事活动

【案情介绍】11岁的小明看到某商场正在搞消费满20元即可抽奖的促销活动，于是花20元购买巧克力一盒参加抽奖，得中3000元奖金。小明领奖后，便用奖金在该商场购买新款手机一部。回家后，其母追问手机的来历，小明说出缘故。其母遂带领小明来到商场，要求退货，被商场以手机无质量问题为由拒绝。

叔叔，我要一盒巧克力。

【以案释法】民法通则第十二条规定："十周岁以上的未成年人是限制民事行为能力人，可以进行与他的年龄、智力相适应的民事活动；其他民事活动由他的法定代理人代理，或者征得他的法定代理人的同意。"本案中，小明购买巧克力的行为因数额较小，与其年龄、智力相符，因此有效。其参加抽奖获得奖金因为是纯获益行为，也属有效行为。而其购买手机，因数额较大，与其年龄、智力不符，须得到其监护人的追认才具有法律效力，而小明母亲不予追认，此购买行为即无效，商场应当予以退货。

（三）民事法律行为

民事法律行为是民事主体设立、变更、终止民事权利和义务的合法行为。民事主体的民事权利和民事义务，必须通过民事法律行为才能实现。

民事法律行为应当具备三个条件：一是民事主体具有相应的民事行为能力；二是意思表示真实；三是不违反法律或社会公共利益。

其中，意思表示是民事法律行为的核心要素，是指民事主体将意欲实现的私法效果发表的行为。民事主体要使自己的内心意思产生法律效果，就必须将意思表现于外部，即将意思发表。发表则须借助语言、文字或者表意的形体语汇。意思表示一旦成立，表意人须受其约束，非依法律规定或者取得对方同意，不得擅自撤回或者变更的法律效力。

（四）民事权利、民事义务和民事责任

民事权利，是指民事主体为实现某种利益而为某种行为或不为某种行为的可能性。根据民事权利内容的不同，可将其划分为财产权和人身权。财产权指以通常可

以用金钱衡量其价值的利益为内容的民事权利，主要有物权、债权、继承权以及知识产权中的财产权益。人身权指与权利主体的人身不可分离的以人身利益为内容的民事权利，包括人格权和身份权。

民事义务是民事主体为实现他方的权利而受行为限制的界限。以义务产生的原因，可分为法定义务和约定义务。法定义务是直接由民法规范规定的义务。约定义务是按当事人意思确定的义务。

民事责任指进行了民事违法行为的人在民法上承担的对其不利的法律后果。根据民事违法行为所侵害的权利的不同，民事责任主要有违约责任和侵权责任。违约责任指合同关系中的债务人违反合同的规定，侵犯债权人的债权而应承担的民事责任。侵权责任指侵犯债权之外的其他权利而应承担的民事责任。

二、商法概述

（一）商法的概念和基本原则

商法是调整平等主体之间的商事关系或商事行为的法律。

商法的基本原则包括：商事主体法定原则、保护营利原则、促进交易简便快捷原则、维护交易公平、保护交易安全原则。

（二）商法与民法的关系

民法与商法同属于私法范畴，但民法调整的是平等主体之间的一般的、普遍的社会关系，而商法则是对平等主体之间的特殊社会关系即商事关系的调整。二者是一般法与特别法的关系，在适用中应遵循以下原则：商法的效力优先于民法，商法有特别规定的，适用商法的规定；民法一般适用和补充适用，商法没有规定的，适用民法的规定。

第二节　婚姻家庭制度

一、婚姻制度

婚姻是由一定社会制度所确认的，男女两性结合为配偶的社会关系。婚姻法律制度是调整一定社会的婚姻关系的法律规范的总和。

（一）婚姻制度的基本原则

第一，实行婚姻自由，禁止包办婚姻和其他干涉婚姻自由的行为；第二，实行一夫一妻制，禁止重婚；第三，实行男女平等，反对一切歧视妇女的旧传统；第四，保护妇女、儿童和老人的合法权益，禁止家庭成员间的遗弃和虐待；第五，实行计划生育，反对封建主义生育观。

（二）结婚

结婚是指男女双方按照法律规定的条件和程序，确立夫妻关系的法律行为。

1. 结婚的条件

结婚的法定条件有：（1）男女双方完全自愿；（2）必须达到法定婚龄，男不得早于二十二周岁，女不得早于二十周岁；（3）必须符合一夫一妻制。

结婚的禁止条件有：（1）直系血亲和三代以内的旁系血亲禁止结婚；（2）一方或双方患有医学上认为不应结婚或暂缓结婚的疾病。

2. 结婚登记

结婚的男女双方必须亲自到婚姻登记机关进行结婚登记，取得结婚证，确立夫妻关系。

办理结婚登记的机关：（1）在城市是街道办事处或者市辖区、不设区的市人民政府民政部门；（2）在农村是乡、民族乡、镇的人民政府。

结婚登记所需的证件：（1）户口证明；（2）居民身份证；（3）离过婚的当事人，还须持离婚证件（包括离婚证、生效的准予离婚的调解书或判决书）。

结婚登记的具体程序：（1）申请；（2）审查；（3）登记。

3. 事实婚姻

1994年2月1日《婚姻管理登记条例》施行前，未办理婚姻登记手续即以夫妻名义同居的，一方起诉"离婚"，起诉时双方均符合结婚的实质要件，可以认定为事实婚姻。

（三）离婚

离婚是指夫妻双方通过协议或诉讼的方式解除婚姻关系，终止夫妻间权利和义务的法律行为。

1. 协议离婚

协议离婚又称登记离婚，指夫妻双方自愿达成协议，并经婚姻登记机关确认解除婚姻关系。

协议离婚的条件有：（1）夫妻双方须具有合法配偶身份；（2）双方具有完全民事行为能力；（3）自愿达成离婚协议；（4）对子女和财产问题已有适当处理。

协议离婚的登记管理机关在城市是街道办事处或者市辖区、不设区的市政府的民政部门；在农村是乡、民族乡、镇的人民政府。

2. 诉讼离婚

诉讼离婚是指夫妻双方对离婚、离婚后子女抚养或财产分割等问题不能达成协议，由一方向人民法院起诉，人民法院依诉讼程序审理后，调解或判决解除婚姻关系的法律制度。

夫妻感情是否破裂，是我国法院判决离婚或不离婚的原则。人民法院审理离婚案件时，应当进行调解，如果感情确已破裂，应准予离婚。

诉讼离婚中有两项特殊保护：（1）现役军人的配偶要求离婚，须得军人同意，但军人一方有重大过错的除外；（2）女方在怀孕期间、分娩后一年内或中止妊娠后六个月内，男方不得提出离婚。女方提出离婚的，或人民法院认为确有必要受理男方离婚请求的，不在此限。

（四）夫妻关系

1. 人身关系

夫妻双方地位平等、独立；夫妻双方都享有姓名权；夫妻之间有忠实义务；夫妻双方有人身自由权；夫妻住所选定权；禁止家庭暴力、虐待、遗弃；计划生育义务。

2. 财产关系

夫妻对共同所有的财产，有平等的处理权。夫妻在婚姻关系存续期间所得的下列财产，归夫妻共同所有：（1）工资、奖金；（2）生产、经营的收益；（3）知识产权的收益；（4）继承或赠与所得的财产，但遗嘱或赠与合同中确定只归一方所有的财产除外；（5）其他应当归共同所有的财产。

夫妻一方对另一方的个人财产没有处理权。属于夫妻个人的财产包括：（1）一方的婚前财产；（2）一方因身体受到伤害获得的医疗费、残疾人生活补助费等费用；（3）遗嘱或赠与合同中确定只归夫妻一方的财产；（4）一方专用的生活用品；（5）其他应当归一方的财产。

此外，夫妻双方还可以通过协商对婚前、婚后取得的财产的归属、处分以及在婚姻关系解除后的财产分割达成协议。

🔍 以案释法 ⑮

离婚时夫妻一方的个人财产不受分割

【案情介绍】2001年，男青年张某以自己的收入全额付款购买商品房一套。其后，张某与女青年陈某恋爱结婚。五年后，双方感情破裂，决定离婚，但就房产分割问题达不成协议。双方诉至法院，法院审理后，判定此房产为张某的婚前财产，归张某一人所有；夫妻双方共同生活期间的财产为共同财产，依法进行分割。

【以案释法】婚姻法第十八条规定，一方的婚前财产为个人财产。根据最高院的司法解释规定，夫妻一方所有的财产，不因婚姻关系的延续而转化为夫妻共同财产，除非当事人另有约定。因此，法院依法判定房产归张某一人所有。

（五）父母子女关系

1. 自然血亲的父母子女关系

父母对子女有抚养教育的义务；子女对父母有赡养扶助的义务。父母不履行抚养义务时，未成年的或不能独立生活的子女，有要求父母付给抚养费的权利。子女不履行赡养义务时，无劳动能力的或生活困难的父母，有要求子女付给赡养费的权利。

非婚生子女享有与婚生子女同等的权利，任何人不得加以危害和歧视。不直接抚养非婚生子女的生父或生母，应当负担子女的生活费和教育费，直至子女能独立生活为止。

2. 继父母与继子女关系

继父母和继子女关系，是由于生父母一方死亡，另一方带子女再婚；或者父母离婚后，另行再婚而形成的。继父母与继子女间，不得虐待或歧视。继父或继母和受其抚养教育的继子女间的权利和义务，按照自然血亲父母子女关系处理。

3. 养父母与养子女关系

养父母与养子女关系，是通过收养这一法律行为而形成的。养父母与养子女间的权利和义务，按照自然血亲父母子女关系处理。

二、继承制度

继承是指自然人死亡后，由法律规定的一定范围内的人或遗嘱指定的人依法取得死者遗留的个人合法财产的法律制度。

（一）法定继承

法定继承是指继承人范围、继承顺序、遗产分配原则等，均按法律规定进行的继承方式。

法定继承人与被继承人之间存在婚姻、血缘关系。配偶、子女、父母为第一顺序继承人；兄弟姐妹、祖父母、外祖父母为第二顺序继承人。

法定继承的遗产分配原则有：同一顺序继承人一般应均等分配遗产；对生活有特殊困难的缺乏劳动能力的继承人，应当予

把其他人也叫来吧，我要宣布遗产的事。

以照顾；对被继承人尽了主要扶养义务或者与被继承人共同生活的继承人，可以多分；对于有能力尽抚养义务，而不尽抚养义务的继承人，应当少分或不分。

（二）遗嘱继承

遗嘱继承是指继承人按照被继承人生前所立的合法有效的遗嘱取得被继承人遗产的继承方式。

有效的遗嘱必须符合以下条件：遗嘱人有遗嘱能力；遗嘱是遗嘱人的真实意思表示遗嘱的内容合法；遗嘱的形式符合法律规定的要求。

遗嘱形式主要有公证遗嘱、自书遗嘱、代书遗嘱、录音遗嘱、口头遗嘱等五种。其中后三种遗嘱须有两个以上见证人在场见证。

遗嘱继承充分体现了我国法律对公民个人财产的保护和对公民自由权的尊重。

第三节　物权制度

一、物权的概念特征

物权，是指合法权利人依法对特定的物享有直接支配和排他的权利，包括所有权、用益物权和担保物权。

物权具有以下特征：一是物权的权利主体是特定的，而义务主体则是不特定的；二是物权的客体为特定的独立之物，不包括行为和精神财富；三是物权的内容以支配权为核心；四是物权具有法定性，其种类和内容、效力以及创设的方式，都由法律直接规定，不能由当事人任意创设。

二、所有权

（一）概念特征

所有权是所有人在法律规定的范围内对属于他的财产享有占有、使用、收益、处分的权利。所有权是物权中最重要也最完全的一种权利，具有绝对性、排他性、永续性三个特征，具体内容包括占有、使用、收益、处分等四项权利。

（二）种类

所有权的种类包括国家所有权、集体所有权、法人所有权、社团所有权以及私人财产所有权。

（三）取得方式

1.原始取得

所有权首次产生或不依赖于原所有人的意志而取得物的所有权，包括生产、先占、添附、善意取得、发现埋藏物和隐藏物、拾得遗失物、国有化和没收等。

2.继受取得

通过一定的法律行为或基于法定的事实从原所有人处取得所有权。继受取得主要有买卖合同、赠与、互易、继承遗产、接受遗赠等。

🔍以案释法 ⑯

动产的善意取得

【案情介绍】2010年5月，李某与王某共同出资，开办了"夜莺"练歌城，由双方共同经营，共负盈亏，相应证照由王某负责办理。不久，王某即以个人名义到工商、税务、文化、消防部门办理了经营练歌房需要的相关证照。半年后，因经营不善练歌城出现了严重亏损。2011年3月16日，王某趁李某外出办事之机，以练歌城老板的身份将两套豪华音响设备以3万元的价格卖给张某，并向张某出示了工商、税务等部门颁发的证照作为证明。张某确信王某就是练歌城老板，两人遂成交。两天后李某回来得知此事，遂找到张某，称其所买的两套音响设备系自己与王某共同共有，王某无权单独处分，要求张某返还音响设备。三人几次协商未果，李某诉至法院。法院审理后认为，张某购买该音像设备的行为符合动产善意取得制度的规定，两套音响设备属于张某所有。

【以案释法】物权法第一百零六条规定："无处分权人将不动产或者动产转让给受让人的，所有权人有权追回；除法律另有规定外，符合下列情形的，受让人取得该不动产或者动产的所有权：（一）受让人受让该不动产或者动产时是善意的；（二）以合理的价格转让；（三）转让的不动产或者动产依照法律规定应当登记的已经登记，不需要登记的已经交付给受让人。受让人依照前款规定取得不动产或者动产的所有权的，原所有权人有权向无处分权人请求赔偿损失。"这即是动产的善意取得制度。本案中，王某向张某出示了相关证件，张某完全有理由相信王某就是音响设备的所有人。且张某是以市场价格购得该设备，因此张某可依善意取得制度，取得该设备的所有权。

（四）所有权的变更

动产所有权依交付而移转；不动产所有权的移转则必须经过登记或办理一定的法律手续。

（五）所有权的消灭

一是所有权的绝对消灭，指所有权的标的不复存在。如因生活消费、生产消耗或自然灾害等原因导致财产的毁灭。

二是所有权的相对消灭，指因原所有权人丧失所有权。如财产所有权被抛弃，财产所有权被依法转让，财产所有权的主体资格丧失，财产所有权因国家采取强制性措施而消灭。

三、用益物权

用益物权是对他人所有的物，在一定范围内进行占有、使用、收益、处分的他物权。

用益物权包括土地承包经营权、建设用地使用权、宅基地使用权、地役权、自然资源使用权（海域使用权、探矿权、采矿权、取水权和使用水域、滩涂从事养殖、捕捞的权利）等，我国物权法对前四者进行了规定。

（一）土地承包经营权

土地承包经营权是指承包人（公民或集体）因从事耕作、种植或其他生产经营项目而承包使用、收益集体所有或集体使用的国家所有的土地或森林、山岭、草原、荒地、滩涂、水面的权利。

（二）建设用地使用权

建设用地使用权是因建筑物或其他工作物而使用国家所有的土地的权利。

国有土地使用权的取得有划拨、出让和流转三种方式；集体所有土地的建设用地使用权，依照土地管理法等法律规定办理。

建设用地使用权的期限：居住用地为70年；工业用地为50年；教育、科技、文化、卫生、体育用地50年；商业、旅游、娱乐用地40年；综合或者其他用地50年。

（三）宅基地使用权

宅基地使用权指的是农村集体经济组织的成员依法享有的在农民集体所有的土地上建造个人住宅的权利。

农村村民一户只能拥有一处宅基地，不得买卖、变相变卖（抵押、出租）。村民可以出卖、出租宅基地上的房屋，但不得另行申请宅基地。

（四）地役权

地役权是以他人土地供自己土地便利而使用他人土地的权利，具有以下特征：

第一，地役权是使用他人土地的权利。

第二，地役权是为了需役地的便利而设立的用益物权。地役权包括以下内容：以供役地供使用，如通行地役权；以供役地供收益，如用水地役权；避免相邻关系的任意性规范的适用；禁止供役地为某种使用，如禁止在邻地建高楼，以免妨碍眺望等。

第三，地役权具有从属性和不可分性。地役权的成立必须是需役地与供役地同时存在。

四、担保物权

（一）概念特征

担保物权是为了担保债的履行而设定的物权，具有以下特征：第一，担保物权以确保债务的履行为目的；第二，担保物权是在债务人或第三人的特定财产上设定的权利；第三，担保物权支配担保物的价值为内容，属于物权的一种，与一般物权具有同一性质；第四，担保物权具有从属性和不可分性。

（二）种类

担保物权包括抵押权、质权和留置权。

1.抵押权

抵押权是指债权人对于债务人或第三人不转移占有而提供担保的不动产或其他财产，在债务人到期不能履行债务或者发生当事人约定的实现抵押权情形时，债权人有权就该财产优先受偿的权利。

2.质权

质权亦称质押，指为了担保债权的履行，债务人或第三人将其动产或权利移交债权人占有，当债务人不履行债务时，债权人就其占有的财产优先受偿的权利。

3.留置权

留置权是指债权人按照合同约定占有债务人的动产，在债务人逾期不履行债务时，有留置该财产并就该财产优先受偿的权利。

五、物权的保护

物权受到侵害的，权利人可以通过和解、调解等途径解决，也可以依法向人民法院提起诉讼。物权的保护应当采取如下方式：第一，因物权的归属和内容发生争议的，利害关系人可以请求确认权利；第二，被无权占有人占有不动产或者动产的，权利人可以请求返还原物；不能返还原物或者返还原物后仍有损失的，可以请求损害赔偿；第三，造成不动产或者动产损毁的，权利人可以请求恢复原状，不能恢复原状或恢复原状仍有损失的，可以请求损害赔偿；第四，妨碍行使物权的，权利人可以请求排除妨害；第五，有可能危及行使物权的，权利人可以请求消除危险；第六，侵害物权，造成权利人损害的，权利人可以请求损害赔偿。

上述物权保护方式，可以单独适用，也可以根据权利被侵害的情形合并适用。

第四节 合同法律制度

一、合同的概述

合同，又称契约，是平等主体的自然人、法人和其他组织之间设立、变更、终止民事权利义务关系的协议。

合同具有如下特征：合同是一种民事法律行为；合同是双方或多方当事人之间的民事法律行为；合同是当事人在平等互利基础上的法律行为。

合同的种类主要有买卖合同、借款合同、租赁合同、承揽合同、建设工程合同、运输合同、技术合同、保管合同、仓储合同、委托合同等。

二、合同的订立

合同的订立是指两方以上当事人通过协商而于互相之间建立合同关系的行为。合同的订立采取要约、承诺的方式。

（一）要约

要约指一方当事人向他人作出的以一定条件订立合同的意思表示。

要约有效的要件：必须是特定人的意思表示；必须是向相对人发出的意思表示；必须是能够反映所要订立合同主要内容的意思表示。

要约到达受要约人时生效。在要约有效期限内，要约人不得随意改变要约的内容，不得撤回要约。

要约的失效：受要约人拒绝要约；要约已过有效期限；要约人撤回要约或撤销要约；特定条件下的要约人或受要约人死亡。

特别需要注意的是，要约邀请不是要约，而是行为人邀请他人向其发出要约。要约邀请仅是当事人订立合同的预备行为，对行为人不具有约束力。现实生活中的价目表的寄送、拍卖广告、招标公告、招股说明书、商品广告等属于要约邀请。

（二）承诺

承诺指受要约人同意要约内容作出缔结合同的意思表示。

承诺有效的要件：承诺须由受要约人或其授权的代理人作出；承诺须在有效期内作出；承诺须与要约的内容一致；承诺须向要约人作出。

承诺在承诺期限内到达要约人时生效。承诺生效时合同即告成立。

特别需要注意的是，承诺对要约的内容作实质性变更的，不再是承诺，而是新要约。有关合同标的、数量、质量、价款或报酬、履行期限、履行地点和方式、违约责任和解除争议方法等的变更，是对要约内容有实质性变更。

承诺必须与要约一致并在有效期内作出

【案情介绍】2004年5月10日，某机床厂向某贸易公司发出要约："出售A型机床5台，单价45万，同意请于5月底前回复"。贸易公司5月20日回复："电悉，型号、数量合适，价格40万即可接受。"半月后，机床价格暴涨，贸易公司又于6月15日去电："接受你5月10日电，可即时发货。"机床厂对此电文不予理会，将5台机床以单价50万卖给了另一家公司。贸易公司遂将机床厂诉至法院，要求其承担违约责任。法院审理后，认为合同尚不成立，驳回了贸易公司的请求。

【以案释法】本案中，机床厂向贸易公司发出要约后，贸易公司的两次回复都不构成承诺。第一次回复的价格与要约不同，是对要约的实质性变更。第二次回复超出了有效期，要约已经失效。两次回复的实质都是贸易公司向机床厂发出新的要约，只有机床厂承诺，合同才能成立。

三、合同的效力

（一）合同的生效

按照法律的规定，合同生效有以下几种情形：一是，依法成立的合同，自成立时生效；二是，法律、行政法规规定应当办理批准、登记等手续生效的，依照其规定；三是，附生效条件的合同，自条件成就时生效，附解除条件的合同，自条件成就时失效；四是，附生效期限的合同，自期限届至时生效。附终止期限的合同，自期限届满时失效。

（二）效力待定合同

效力待定合同，是指合同虽然已经成立，但因其不完全符合有关生效要件的规定，因此其效力能否发生，尚未确定。效力待定合同有：一是，限制民事行为能力人订立的合同；二是，行为人没有代理权、超越代理权或者代理权终止后以被代理人名义订立的合同；三是，无处分权的人处分他人财产的合同。

效力待定合同经有权人追认，产生法律效力。有权人不予追认的，不发生法律效力。

（三）可变更、可撤销合同

可变更、可撤销合同，是指欠缺一定的生效要件，效力取决于当事人是否行使变更权、撤销权，它是一种相对无效的合同。可变更、可撤销的合同有：一是，因重大误解订立的；二是，在订立合同时显失公平；三是，一方以欺诈、胁迫的手段或者乘人之危，使对方在违背真实意思的情况下订立的合同。

具有撤销权的当事人应该在知道或者应当知道撤销事由之日起一年内行使撤销权。被撤销的合同自始没有法律约束力。

（四）无效合同

你这个合同的条款违反法律规定，这个合同不能生效。

无效合同，是指不符合法律规定的要件，不能产生法律效力的合同。

合同无效的情形有：一是，一方以欺诈、胁迫的手段订立合同，损害国家利益；二是，恶意串通，损害国家、集体或者第三人利益；三是，以合法形式掩盖非法目的；四是，损害社会公共利益；五是，违反法律、行政法规的强制性规定。

无效的合同自始没有法律约束力。合同部分无效，不影响其他部分效力的，其他部分仍然有效。

合同无效或者被撤销后，因该合同取得的财产，应当予以返还；不能返还或者没有必要返还的，应当折价补偿。有过错的一方应当赔偿对方因此所受到的损失，双方都有过错的，应当各自承担相应的责任。

四、合同的履行

合同的履行是指当事人应当按照约定全面履行自己的义务，并遵循诚实信用原则，根据合同的性质、目的和交易习惯履行通知、协助、保密等义务。

为保护当事人的利益，法律规定了合同履行中的几项特殊制度。

（一）合同履行中的抗辩权

抗辩权是指在双务合同中，在符合法定条件时，当事人一方对抗对方当事人的履行请求权，暂时拒绝履行其债务的权利。抗辩权包括以下三种：

1. 同时履行抗辩权

履行合同的抗辩权，是指双务合同中无先为给付义务的当事人一方在他方未为对待给付以前，有权拒绝自己的履行。

2. 先履行抗辩权

先履行抗辩权，是指当事人互负债务，有先后履行顺序，先履行一方未履行的，后履行一方有权拒绝其履行要求；先履行一方履行债务不符合约定的，后履行一方有权拒绝其相应的履行要求。

3. 不安抗辩权

不安抗辩权，是指双务合同中在先履行的一方当事人，在对方财产于缔约后发生明显恶化，导致对方有可能难为对待给付之状况时，可以在对方未履行其给付义务或提供担保前，中止履行自己的给付。合同法规定可以履行不安抗辩权的情形有：
（1）经营状况严重恶化；（2）转移财产、抽逃资金，以逃避债务；（3）丧失商业信誉；
（4）有丧失或者可能丧失履行债务能力的其他情形。如果当事人没有确切证据中止履行的，应当承担违约责任。

🔍 以案释法 ⑱

合同一方财产状况恶化，另一方可行使不安抗辩权

【案情介绍】2002年11月，王某将自己的一套房产以25万元的价格转让给陈某，并约定于2003年1月前交房，陈某先支付5万元，其余价款在收房后分两次付清。该合同经有关部门批准之后，陈某当即交付房款5万元。12月5日，王某得知陈某生意亏损，拖欠大量外债，担心陈某不能交清房款，遂于12月8日以房价过低为由要求解除合同。陈某当即反对，要求王某按照合同约定在12月底之前腾空房屋。双方协商不成，诉至法院。后经法院调解，陈某提供担保，王某继续履行合同。

【以案释法】本案中，陈某大量拖欠外债，符合不安抗辩权制度中所说的财务状况恶化。此时，王某为保证自己的权益，有权中止履行合同义务，但不能直接解除合同，因为合同已经成立并生效。在陈某提供担保后，王某权益受损的危险消失，因此应当恢复履行合同该义务。

（二）合同履行保全

合同履行保全是为保护合同债权人的债权不受债务人不当行为的损害而对合同债权人采取一定保护措施的法律制度。合同履行保全有以下两种：

1.代位权

因债务人怠于行使其到期债权，对债权人造成损害的，债权人可以向人民法院请求以自己的名义代位行使债务人的债权，但该债权专属于债务人自身的除外。

2.撤销权

因债务人放弃其到期债权或者无偿转让财产，对债权人造成损害的，债权人可以请求人民法院撤销债务人的行为；债务人以明显不合理的低价转让财产，对债权人造成损害，并且受让人知道该情形的，债权人也可以请求人民法院撤销债务人的行为。

五、违约责任

（一）概念和构成要件

违约责任指当事人不履行合同义务或履行合同义务不符合约定所应承担的民事责任。

违约责任的构成要件主要有：违约行为、损害事实、违约行为与损害事实之间的因果关系、行为人主观上的过错。

（二）违约责任的形式

1.继续履行

继续履行也称强制实际履行，是指违约方根据对方当事人的请求继续履行合同

规定的义务的合同责任形式。

对金钱债务，无条件适用继续履行；对非金钱债务，原则上可以请求继续履行，但下列情形除外：（1）法律上或者事实上不能履行；（2）债务的标的不适用强制履行或者强制履行费用过高；（3）债权人在合理期限内未请求履行。

2. 采取补救措施

采取补救措施，是指矫正合同不适当履行、使履行缺陷得以消除的具体措施。

采取补救措施的具体方式有修理、更换、重作、退货、补足商品数量、减少价款或者报酬等。

3. 赔偿损失

赔偿损失也称违约损害赔偿，是指违约方以支付金钱的方式弥补受害方因违约行为所减少的财产或者所丧失的利益的责任形式，是最重要的合同责任形式。

赔偿损失的原则主要有：

（1）完全赔偿原则，是指违约方应赔偿受害人所遭受的全部损失，包括因违约引起的现实财产减少和合同履行的可得利益；（2）合理预见原则，是指赔偿损失不超过违约方订立合同时预见到或者应当预见到的因违反合同可能造成的损失；（3）减轻损害原则。在一方违约并造成损害后，受害人必须采取合理措施以防止损害的扩大，否则，受害人应对扩大部分的损害负责，违约方此时也有权请求从损害赔偿金额中扣除本可避免的损害部分；（4）损益相抵原则，是指受害人基于损害发生的同一原因而获得利益时，应将所受利益从所受损害中扣除，以确定损害赔偿范围。

4. 违约金

违约金是指当事人一方违反合同时应当向对方支付的一定数量的金钱或财物。

违约金的分类：（1）法定违约金和约定违约金；（2）惩罚性违约金和补偿性违约金。

违约金的特征：（1）在合同中预先约定的；（2）是一方违约时向对方支付的一定数额的金钱；（3）是对承担赔偿责任的一种约定，其性质仍属违约的损害赔偿。

（三）免责事由

1. 不可抗力

不可抗力，是指不能预见、不能避免并不能克服的客观情况。

不可抗力主要包括以下几种情形：（1）自然灾害、如台风、洪水、冰雹；（2）政府行为，如征收、征用；（3）社会异常事件，如罢工、骚乱。

2. 免责条款

免责条款是指当事人在合同中约定免除将来可能发生的合同责任的条款，其所规定的免责事由即约定免责事由。

免责条款不能排除当事人的基本义务，也不能排除故意或重大过失的责任。

第五节　知识产权法律制度

一、知识产权的概述
（一）知识产权的概念
知识产权也称为智慧财产权，是指人们对文学、艺术、科学、工业等领域基于智力活动创造的成果和经营管理中的标记、信誉等享有的权利。

（二）知识产权的种类
广义的知识产权主要包括著作权、商标权、专利权、商号权、产地标志权、商业秘密权、植物新品种权、集成电路布图权等各种权利。

狭义的知识产权仅包括著作权、商标权和专利权三部分。

（三）知识产权的特点
知识产权与物权相比较而言，相同之处在于都具有支配性；不同之处在于：

其一，物权的客体是有形的财产，知识产权的客体是无形的智力成果。

其二，物权是一种绝对权利，可以对抗权利人以外的任何人；而知识产权具有严格的地域性，效力仅限于本国境内，如想得到跨国保护，须参加国际公约或者签订双边、多边协定。

其三，物权的保护是没有时间限制的，可以永远存在；而知识产权在保护时间上有限制。

二、著作权
著作权，又称为版权，是指文学、艺术和自然科学、社会科学作品的作者及其相关主体依法对作品所享有的人身权利和财产权利。

（一）著作人身权
1. 概念

著作人身权是指作者通过创作表现个人风格的作品而依法享有获得名誉、声望和维护作品完整性的权利。

2. 内容

著作人身权的内容包括：（1）发表权，即决定作品是否公之于众的权利，这种权利有一个特点就是一次用尽；（2）署名权，即表明作者身份，在作品上署名的权利，其行使方式不限于在作品上署真实姓名，还可以署笔名、别名或者不署名；（3）修改权，即修改或者授权；（4）保护作品完整权，即保护作品不受歪曲、篡改的权利。

3.保护方式和期限

著作人身权由作者终身享有，不可转让、剥夺和限制。作者死后，一般由其继承人或者法定机构予以保护。

（二）著作财产权

1.概念

著作权的财产权就是作者对作品进行使用并获得经济利益的权利。

2.内容

著作财产权的内容包括：（1）复制权；（2）发行权，发行的方式多种多样，如出售、出租、赠与等；（3）出租权，出租权针对的作品形式仅包括电影作品、以类似摄制电影的方法创作的作品及计算机软件的权利；（4）展览权，即公开陈列美术作品、摄影作品的原件或者复制件的权利；（5）表演权，即公开表演作品及公开播送作品的表演的权利；（6）放映权；（7）广播权；（8）信息网络传播权，即以有线或者无线方式向公众提供作品，使公众可以在其个人选定的时间和地点获得作品的权利；（9）摄制权；（10）改编权，即改变作品，创作出具有独创性的新作品的权利；（11）翻译权；（12）汇编权，即将作品或者作品的片段通过选择或者编排，汇集成新作品的权利；（13）应当由著作权人享有的其他权利。

3.保护方式和期限

著作财产权是可以依权利人的意志进行转让和许可使用的权利，并且可以成为继承和赠与的客体。

著作财产权的保护是有期限的，公民作品的发表权、著作财产权的保护期为作者有生之年及其死亡后五十年。法人或者其他组织的作品、著作权由法人或其他组织享有的职务作品、电影或类似摄制电影方式创作的作品，其发表权和著作财产权保护期为自首次发表后五十年。

🔍 以案释法 ⑲

作品的网络传播权受法律保护

【案情介绍】北京某通讯技术有限公司在其网站上建立了"小说一族"栏目。该栏目未经作家本人允许，自行转载了王某等六位作家的作品。网络用户进入该公司的主页，点击页面中"小说一族"后，进入相关链接，再点击具体作者的作品名称，即可浏览或下载相应的作品内容。一年后，王某等六位作家以侵犯著作权为由，将该公司告上法院。案件经两审终审，判决被告败诉，向原告道歉、赔偿损失，并停止使用原告的作品。

【以案释法】本案涉及作品的网络传播问题，随着科技的发展，网络成为作品的重要载体之一。此案发生时，我国的著作权法尚未规定网络传播权，因此本案在当时具有重大的开拓意义。著作权法明确规定了作品的网络传播权，未经著作权人的许可，将其作品在网上传播，就将构成侵权，要承担法律责任。

三、专利权

（一）专利权的概念

专利权是指一项发明创造，经过申请人向国家的专利主管机关申请，经审查合格后，由该主管机关向专利申请人授予在规定期间对该项发明创造享有专有权。

专利权须经过主管机关审查后方可授予，而著作权自作品完成之日即产生。

（二）专利的管理机关

国务院专利行政部门负责管理全国的专利工作；统一受理和审查专利申请，依法授予专利权。省、自治区、直辖市人民政府管理专利工作的部门负责本行政区域内的专利管理工作。

（三）专利的种类

发明，是指对产品、方法或者其改进提出的新的技术方案。

实用新型，是指对产品的形状、构造或者其结合所提出的适于实用的新的技术方案。

外观设计，是指对产品的形状、图案、色彩或者其结合以及色彩与形状图案的结合作出的富有美感并适于工业上应用的新设计。

（四）专利权的保护期限

发明专利权的保护期为二十年，实用新型和外观设计的专利权保护期为十年。

四、商标权

（一）商标及商标权的概念

商标是商品的生产者经营者在其生产、制造、加工、拣选或者经销的商品上或者服务的提供者在其提供的服务上采用的，用于区别商品或者服务来源的标志。文字、图形、字母、数字、声音、三维标志和颜色组合，以及上述要素的组合，均可以作为商标申请注册。

商标权是商标专用权的简称，是指商标主管机关依法授予商标所有人对其注册商标受国家法律保护的专有权。

（二）商标权的保护

商标在商标主管机关注册后，方可取得商标专用权，并受法律的保护。未经注册的商标则不受保护。对于商标注册，采取自愿的原则。

商标专有权人对于侵犯商标专有权的行为，可以选择由工商行政管理机关处理，也可以选择直接向人民法院起诉。

（三）商标的管理

我国采取集中注册，分级管理的原则。集中注册即由商标局统一集中负责我国的商标审查、核准注册工作；分级管理是指各级工商行政管理机关负责本地区的商标管理工作。

（四）商标的使用范围

商标权人使用注册商标必须以核准注册的商标和核准使用的商品为限。

（五）商标权的保护期限

商标权的保护期限为十年。有效期届满后，如注册人继续使用该商标，必须依法办理商标续展手续，续展次数不限。

第六节　公司、企业与破产法律制度

一、公司法律制度

公司是股东依照公司法的规定而设立的企业法人，股东以投资额为限对公司承担责任，公司则以其全部财产对公司的债务承担责任。

公司具有以下共同特征：第一，公司是以营利为目的的企业组织；第二，公司具有独立的法人地位；第三，公司是以股东投资为基础成立的社团法人。

设立公司，应当依法向公司登记机关申请设立登记。符合设立条件的，由公司登记机关分别登记为有限责任公司或者股份有限公司。法律、行政法规规定设立公司必须报经批准的，应当在公司登记前依法办理批准手续。

（一）有限责任公司

1.概念

有限责任公司指依法登记注册，由五十名以下的股东共同出资，每个股东以其所认缴的出资额对公司承担有限责任，公司以其全部资产对其债务承担责任的经济组织。

2.设立的条件

设立有限责任公司，应当具备下列条件：（1）股东符合法定人数；（2）有符合公司章程规定的全体股东认缴的出资额；（3）股东共同制定公司章程；（4）有公司名称，建立符合有限责任公司要求的组织机构；

公司注册登记
公司注册登记

（5）有公司住所。

3. 组织机构

股东会是公司的权力机构，由全体股东组成，行使公司重大事项的决定权。

董事会是的公司执行机构，由三至十三名董事组成，管理公司日常事务，对股东会负责。股东人数较少或者规模较小的有限责任公司，可以设一名执行董事，不设董事会。

监事会是的公司监督机构，由不得少于三名监事组成，监督公司的运行中各项事务。股东人数较少或者规模较小的有限责任公司，可以设一至二名监事，不设监事会。

4. 股权的转让

有限责任公司的股东之间可以相互转让其全部或者部分股权。

股东向股东以外的人转让股权，应当经其他股东过半数同意。在同等条件下，其他股东有优先购买权。

🔍以案释法 ⑳

设立公司必须依法登记

【案情介绍】2010年4月，甲乙双方约定设立有限责任公司，甲出资25万元，乙出资35万元，双方按照出资比例分享利润、分担风险；公司设股东会、董事会，董事会为公司决策和执行机构；公司筹备及注册登记由乙负责。6月和7月，甲依约将25万元汇入乙的账户。双方制定了公司章程，确定了董事会人选，并举行会议，制订生产计划。但是，公司迟迟没有办理注册登记。甲向乙催问数次，未有结果。10月，甲要求乙退回其投资款，乙以"股东不得抽逃出资"为由拒绝，于是甲诉至法院，法院支持了甲的诉讼请求。

【以案释法】本案涉及公司设立的问题。本案中，甲乙拟设立的公司符合公司法规定的关于有限责任公司的设立条件，但是，由于没有进行设立登记，该公司实质上未成立。因此法院支持甲撤回其出资。如果公司已经成立，则甲不能撤回其出资。

（二）股份有限公司

1. 概念

股份有限公司全部注册资本由等额股份构成并通过发行股票（或股权证）筹集资本，股东以其所认购股份对公司承担有限责任，公司以其全部资产对公司债务承担有限责任的企业法人。

2. 设立的方式和条件

股份公司设立的方式：（1）发起设立，是指由发起人认购公司应发行的全部股份而设立公司；（2）募集设立，是指由发起人认购公司应发行股份的一部分，其余股份向社会公开募集或者向特定对象募集而设立公司。

设立股份有限公司，应当具备下列条件：（1）发起人符合法定人数；（2）有符合公司章程规定的全体发起人认购的股本总额或者募集的实收股本总额；（3）股份发行、筹办事项符合法律规定；（4）发起人制订公司章程，采用募集方式设立的经创立大会通过；（5）有公司名称，建立符合股份有限公司要求的组织机构；（6）有公司住所。

3. 组织机构

股东大会是公司的权力机构，由全体股东组成，依法行使公司重大事务决定权。股东大会应当每年召开一次，有法定或公司章程规定的特殊情形，应当在两个月内召开临时大会。

股份有限公司必须设立董事会，作为公司的执行机构，其成员为五至十九名董事。董事会每年度至少召开两次会议。

股份有限公司必须设立监事会，作为公司的监督机构，监事不得少于三名。监事会每六个月至少召开一次会议。

4. 股份的发行和转让

公司为募集资金，可以采取股票的形式，向社会或特定对象发行股份，每一股金额相等。同次发行的同种类股票，每股的发行条件和价格应当相同；任何单位或者个人所认购的股份，每股应当支付相同价额。股票发行价格可以按票面金额，也可以超过票面金额，但不得低于票面金额。

股东持有的股份可以依法转让。发起人持有的本公司股份，自公司成立之日起1年内不得转让。公司董事、监事、高级管理人员在任职期间，每年转让的股份不得超过其所持有本公司股份总数的25%；所持本公司股份自公司股票上市交易之日起1年内不得转让。上述人员离职后半年内，不得转让其所持有的本公司股份。股东转让其股份，应当在依法设立的证券交易场所进行或者按照国务院规定的其他方式进行。

5. 上市公司

上市公司是指股票在证券交易所上市交易的股份有限公司。上市公司必须依法公开其财务状况、经营情况及重大诉讼，在每会计年度内半年公布一次财务会计报告。

二、企业法律制度

（一）企业与公司

企业是人们为了进行一定规模的生产经营活动而组织起来的经济实体，而公司即是企业中具备法人资格者。

（二）企业的分类

我国的企业类型较为复杂。按照企业的所有制形态划分，包括全民所有制企业、集体所有制企业、私营企业和外商投资企业。按照企业的资本构成和出资者责任划分，包括公司企业、合伙企业和个人独资企业。

1. 合伙企业

合伙企业是指在我国境内依法设立的由各合伙人订立合伙协议，共同出资、共享收益，投资人承担无限连带责任的营利性组织。

合伙企业的基本特征包括：（1）合伙协议是合伙企业成立的基础；（2）合伙企业由各合伙人共同投资成立，可以由合伙人共同经营；（3）合伙企业没有法人资格；（4）合伙人对合伙企业债务承担无限连带责任。

合伙企业中各合伙人的权利义务联系紧密，因此法律对于合伙的入伙、退伙有较为严格的规定。

2. 个人独资企业

个人独资企业是由一个自然人投资，财产为投资人所有的营利性经济组织。

个人独资企业具有以下特征：（1）投资人为一人；（2）投资人对企业享有绝对的控制权和支配权；（3）企业无独立法人资格，投资人对企业承担无限责任；（4）独资企业与企业的存在和投资人个人的民事人格不可分离。

个人独资企业的设立条件较为简单，既没有最低资本额要求，也没有内部组织机构设立的规定，程序简便，企业的经营管理灵活简便。

三、破产法律制度

（一）破产的概念

破产，是指企业法人不能清偿到期债务，并且资产不足以清偿全部债务或者明显缺乏清偿能力时，依法清理债务的一项制度。

（二）破产的程序

1. 申请

债务人、债权人和负有清算责任的人在企业不能清偿到期债务或资产不足以清偿债务时有权申请破产。

2. 受理

法院应在裁定受理破产申请之日起五日内通知债权人并予以公告，载明必要事项。

3. 清理债务人财产

破产申请受理时属于债务人的全部财产，以及破产申请受理后至破产程序终结前债务人取得的财产，为债务人财产。

4. 债权申报和债权人会议

依法申报债权的债权人为债权人会议的成员，有权参加债权人会议并享有表决权，而债权人会议又可以决定设立债权人委员会。

在这个过程中还有两个重要的再建程序可供选用：和解和重整。

5. 破产程序清算

和解或重整都不成功，那么只能进行破产清算，由法院依法宣告债务人破产，并分配破产财产。若破产人无财产可供分配的，则应当请求人民法院裁定终结破产程序。

（三）破产财产的清偿顺序

破产财产在优先清偿破产费用和共益债务后，依照下列顺序清偿：第一，破产人所欠职工的工资和医疗、伤残补助、抚恤费用，所欠的应当划入职工个人账户的基本养老保险、基本医疗保险费用，以及法律、行政法规规定应当支付给职工的补偿金；第二，破产人欠缴的除前项规定以外的社会保险费用和破产人所欠税款；第三，普通破产债权。破产财产不足以清偿同一顺序的清偿要求的，按照比例分配。破产企业的董事、监事和高级管理人员的工资按照该企业职工的平均工资计算。

第七节　证券、期货、保险与票据制度

一、证券法律制度

（一）证券的概念特征

证券是一种权利的书面凭证，也就是记载并且代表一定权利的文书。

证券具有以下特征：第一，证券是一种财产性的权利凭证；第二，证券是一种流通性的权利凭证；第三，证券是一种要式性的权利凭证，即法律对证券有严格的格式要求；第四，证券是一种收益性的权利凭证。

（二）证券的种类

证券有广义和狭义之分。广义的证券一般指财物证券（如货运单、提单等）、货币证券（如支票、汇票、本票等）和资本证券（如股票、公司债券、投资基金份额等）。狭义的证券仅指资本证券。我国证券法规定的证券为股票、公司债券和国务院依法认定的其他证券。

（三）证券发行

证券发行，是指政府、金融机构、工商企业等以募集资金为目的向投资者出售代表一定权利的有价证券的活动。

1. 公开发行

公开发行证券，必须符合法律、行政法规规定的条件，并依法报经国务院证券监督管理机构或者国务院授权的部门核准；未经依法核准，任何单位和个人不得公开发行证券。

属于公开发行的情形有：（1）向不特定对象发行证券；（2）向累计超过二百人

的特定对象发行证券；（3）法律、行政法规规定的其他发行行为。

2.非公开发行

非公开发行证券，不得向不特定对象宣传推介，不得公开劝诱，不得采用变相公开方式。

（四）证券交易

证券交易是指证券持有人依照交易规则，将证券转让给其他投资者的行为。

证券交易一般分为两种形式：一种形式是上市交易，是指证券在证券交易所集中交易挂牌买卖；另一种形式是上柜交易，是指公开发行但未达上市标准的证券在证券柜台交易市场买卖。

为了保护弱势的中小投资者以及国家社会的公共利益，确保证券市场的健康发展，我国的证券法对某些证券交易行为给予限制或禁止，特别是禁止了内幕交易、操纵市场、地下信用交易、虚假陈述以及欺诈客户等证券欺诈行为。

二、期货法律制度

（一）期货的概念

期货是现在进行买卖，但是在将来进行交收或交割的标的物，这个标的物可以是某种商品，例如黄金、原油、农产品，也可以是金融工具，还可以是金融指标。

（二）期货合约

期货合约是指由期货交易所统一制定的、规定在将来某一特定的时间和地点交割一定数量和质量标的物的标准化合约。期货合约的种类包括商品期货合约和金融期货合约。

期货合约的标准通常由期货交易所设计，经国家监管机构审批上市。期货合约的商品品种、数量、质量、等级、交货时间、交货地点等条款都是既定的，唯一的变量是价格。

期货合约的买方，如果将合约持有到期，那么他有义务买入期货合约对应的标的物；而期货合约的卖方，如果将合约持有到期，那么他有义务卖出期货合约对应的标的物。

（三）期货交易

期货交易，是指采用公开的集中交易方式或者国务院期货监督管理机构批准的其他方式进行的以期货合约或者期权合约为交易标的的交易活动。

从事期货交易活动，应当遵循公开、公平、公正和诚实信用的原则。禁止欺诈、内幕交易和操纵期货交易价格等违法行为。

（四）期货交易所

期货交易所是买卖期货合约的场所，它的设立由国务院期货监督管理机构审批。期货交易所不以营利为目的，按照其章程的规定实行自律管理。

期货交易应当在规定设立的期货交易所、国务院批准的或者国务院期货监督管理机构批准的其他期货交易场所进行。禁止在前款规定的期货交易场所之外进行期货交易。

（五）期货公司

期货公司是依法设立的经营期货业务的金融机构。期货公司的设立，应当经国务院期货监督管理机构批准，并在公司登记机关登记注册。

三、保险法律制度

（一）保险的概念

保险是以契约形式确立双方经济关系，以缴纳保险费建立起来的保险基金，对保险合同规定范围内的灾害事故所造成的损失，进行经济补偿或给付的一种经济形式。

（二）保险的种类

保险可以分为人身保险和财产保险两大类，而在财产保险中则包含了责任保险在内。

人身保险，系以被保险人的生命或身体为保险标的，并以生存、死亡或人身伤害为保险事故；当被保险人发生保险事故时，保险人依约定给付一定金额的保险金的保险。

财产保险又称产物保险，简称产险，系以各种财产，例如房屋、汽车、机车、船舶等为保险标的；当这些标的发生所约定的保险事故，例如火灾、碰撞等而导致财产遭受毁损或灭失时，依约定给予补偿的保险。

责任保险，是以被保险人对第三者依法应负的赔偿责任为保险标的的保险；当依法应负的赔偿责任发生时，保险人应依据保险合同的规定对第三人给付保险金。

（三）保险合同

1. 保险合同的概念

保险合同是投保人与保险人约定保险权利义务关系的协议。

2. 保险合同的当事人

（1）投保人，是指与保险人订立保险合同，并按照合同约定负有支付保险费义务的人；（2）保险人，是指与投保人订立保险合同，并按照合同约定承担赔偿或者给付保险金责任的保险公司；（3）被保险人，是指其财产或者人身受保险合同保障，享有保险金请求权的人。投保人可以为被保险人；（4）受益人，是指人身保险合同中由被保险人或者投保人指定的享有保险金请求权的人。

投保人、被保险人可以为受益人。

3.保险金额

保险金额是指保险人承担赔偿或者给付保险金责任的最高限额。

4.保险合同订立的要求

（1）人身保险的投保人在保险合同订立时，对被保险人应当具有保险利益。财产保险的被保险人在保险事故发生时，对保险标的应当具有保险利益。保险利益是指投保人或者被保险人对保险标的具有的法律上承认的利益；（2）订立保险合同，保险人就保险标的或者被保险人的有关情况提出询问的，投保人应当如实告知。

5.保险合同的赔付

保险事故发生后，按照保险合同请求保险人赔偿或者给付保险金时，投保人、被保险人或者受益人应当向保险人提供其所能提供的与确认保险事故的性质、原因、损失程度等有关的证明和资料。

投保人、被保险人故意制造保险事故的，保险人有权解除合同，不承担赔偿或者给付保险金的责任。

四、票据法律制度

（一）票据概述

票据是依据法律按照规定形式制成的并显示有支付金钱义务的凭证。我国票据法规定的票据是指汇票、本票和支票。

票据是一种要式行为证券。当事人发行、转让、背书、贴现、担保等票据行为都要遵循法律规定的形式。

票据是一种无因证券。只要票据符合票据法规定的形式，付款人一般不问票据的基础原因关系和资金原因关系，持票人和付款人的身份和财政状况，都不影响票据行为的效力。

（二）汇票

汇票是出票人签发的，委托付款人在见票时或者在指定日期无条件支付确定的金额给收款人或者持票人的票据。汇票分为银行汇票和商业汇票。

出票人签发汇票后，即承担保证该汇票承兑和付款的责任。承兑是指汇票付款人承诺在汇票到期日支付汇票金额的票据行为。

持票人将汇票权利转让给他人或者将一定的汇票权利授予他人行使时，应当背书并交付汇票。背书是指在票据背面或者粘单上记载有关事项并签章的票据行为。

（三）本票

本票是出票人签发的，承诺自己在见票时无条件支付确定的金额给收款人或者持票人的票据。我国法律只规定了银行本票。

本票的出票人在持票人提示见票时，必须承担付款的责任。

本票自出票日起，付款期限最长不得超过2个月。

（四）支票

支票是出票人签发的，委托办理支票存款业务的
银行或者其他金融机构在见票时无条件支付确定的金
额给收款人或者持票人的票据。支票包括现金支票和
转账支票。

开立支票存款账户，申请人必须使用其本名，并提
交证明其身份的合法证件。支票的出票人所签发的支票
金额不得超过其付款时在付款人处实有的存款金额。出
票人签发的支票金额超过其付款时在付款人处实有的存
款金额的，为空头支票。禁止签发空头支票。

 思考题

1. 自然人和法人的民事权利能力、民事行为能力的法律
   规定有何异同？
2. 物权有哪些种类？分别有什么不同特点？
3. 合同订立的方式是什么？需要注意哪些问题？

第四章　经济法律制度

　　★经济法是国家对具有社会公共性的经济活动进行干预、管理和调控的法律规范。

　　★国家打击不正当竞争行为和垄断行为，维护正常的市场秩序。

　　★国家规定生产者和销售者的义务，保护消费者的合法权益。

　　★税收是以国家强制力为保证的一种分配方式，具有强制性、无偿性和固定性的特征。

　　★审计是一项具有独立性的经济监督制度，监督财政收支和财务收支活动的进行。

　　★国家加强土地管理，维护土地的社会主义公有制，保护、开发土地资源，合理利用土地，切实保护耕地，促进社会经济的可持续发展。

　　★国家加强对城市房地产的管理，维护房地产市场秩序，保障房地产权利人的合法权益，促进房地产业的健康发展。

　　★国家保护环境和自然资源，确立了环境和自然资源保护的多项基本制度。

　　★国家促进产业和对外贸易的发展，准许货物自由进出口。

第一节　经济法律制度概述

一、经济法的概念

　　经济法是国家从整体经济发展的角度，对具有社会公共性的经济活动进行干预，管理和调控的法律规范的总称。

二、经济法的基本原则

　　经济法的基本原则有三项：一是营造平衡和谐的社会经济环境原则；二是合理分配经济资源原则；三是保障社会总体经济可持续发展原则。

三、经济法的地位及作用

经济法是独立的法的部门，具有极其重大的作用：第一，坚持以公有制为主体、多种所有制经济共同发展；第二，引导、推进和保障社会主义市场经济体制的建立和完善；第三，扩大对外经济技术交流和合作；第四，保证国民经济持续、快速、健康的发展。

四、经济法的法律体系

经济法大体包含两个部分：一是创造平等竞争环境、维护市场秩序方面的法律，主要是有关反垄断、反不正当竞争、反倾销和反补贴等方面的法律；二是国家宏观调控和经济管理方面的法律，主要是有关财政、税务、金融、审计、统计、物价、技术监督、工商管理、对外贸易等方面的法律。

第二节　反不正当竞争和反垄断法律制度

一、反不正当竞争法律制度

（一）反不正当竞争法的概述

反不正当竞争法是调整在制止不正当竞争过程中发生的社会关系的法律规范的总称。

我国反不正当竞争法的立法目的是为了保障社会主义市场经济健康发展，鼓励和保护正当竞争，制止不正当竞争，保护经营者和消费者的合法权益。

反不正当竞争法的基本原则包括自愿、公平、平等、诚实信用、遵守公认商业道德以及不得滥用竞争权利等原则。

（二）11种不正当竞争行为

不正当竞争行为，是指经营者在市场竞争中，采取非法的或者有悖于公认的商业道德的手段和方式，与其他经营者相竞争的行为。我国反不正当竞争法列举了11种应予坚决打击的不正当竞争行为：

1.市场混淆行为

主要有假冒他人注册商标；擅自使用知名商品特有的或者近似的名称、包装、装潢，造成和他人知名商品相混淆；擅自使用他人企业名称或姓名，使人误认是他人商品；伪造或冒用认证标志、名优标志；伪造产地等。

2.虚假宣传行为

经营者以广告或者其他方式，对商品和服务的质量、成分、性能等进行夸大虚假的宣传，误导消费者，谋取竞争上的优势。

3. 商业诋毁行为

经营者捏造、散布虚假事实，损害竞争对手的商业信誉、商品声誉。

4. 商业贿赂行为

经营者为销售或购买商品而采用财物或其他手段进行贿赂。

5. 侵犯商业秘密行为

经营者采取非法手段获取他人的商业秘密并使用，或者违反约定披露、使用或允许他人使用其所掌握的商业秘密。

6. 掠夺性定价行为

经营者以排挤竞争对手为目的，以低于成本的价格销售商品。

7. 搭售或附加不合理条件的行为

经营者销售商品时，违背购买者意愿，搭售商品或附加其他不合理条件。

8. 不正当有奖销售的行为

经营者利用有奖销售推销质次价高的商品；抽奖销售的最高奖金金额不得超过5000元。

9. 公用企业或其他依法具有独占地位的经营者的限制竞争行为

公用企业或其他依法具有独占地位的经营者，限定他人购买其指定经营者的商品，排挤其他经营者公平竞争的地位。

10. 政府及其所属部门限制竞争的行为

政府及其所属部门滥用行政权力，限定他人购买指定商品，或者限制外地商品流入本地市场或本地商品流向外地市场。

11. 串通招标投标行为

投标者不得串通投标，抬高标价或者压低标价。投标者和招标者不得相互勾结，以排挤竞争对手的公平竞争。

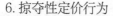 以案释法 ㉑

坚决打击不正当竞争行为

【案情介绍】2000年11月至2001年11月，县电力公司在农村电网改造户表工程中，采取先行中断供电的办法，以保证质量为由，要求用户购买县电力局电气产品经营公司经销的电能表、漏电保护器及绝缘线等电器装置和材料，对用户从其他地方购买的电能表、漏电保护器均拒绝安装，并拒绝供电。截至2001年11月底，当事人采取上述方法共完成户表工程12528户。其后，县工商行政管理局依法对其进行了处罚。

【以案释法】县电力公司作为公用企业，利用其改造电网的独占地位，以拒绝提供电能服务等措施限定用户购买其指定的经营者经销的用电装置，违反了反不正当竞争法第六条的规定，构成了不正当竞争行为，依法应当受到处罚。

（三）不正当竞争的法律责任

1.民事责任

（1）停止侵害；（2）赔偿损失。

2.行政责任

（1）强制行为人停止不正当竞争行为；（2）没收非法所得；（3）处以罚款；（4）吊销营业执照。

3.刑事责任

（1）销售伪劣商品，采用贿赂手段以销售或购买商品，情节严重，构成犯罪的，依法追究刑事责任；（2）监督检查部门工作人员，滥用职权，玩忽职守和徇私舞弊，故意包庇犯罪行为人不受追诉，构成犯罪的依法追究其刑事责任；（3）侵害他人商业信誉、商品声誉、虚假广告、串通招投标、侵犯商业秘密等，构成犯罪的依法追究刑事责任。

二、反垄断法律制度

（一）垄断和反垄断法的概述

垄断指少数大企业，为了获得高额利润，通过相互协议或联合，对一个或几个部门商品的生产、销售和价格进行操纵和控制。根据我国反垄断法的规定，垄断行为是指排除、限制竞争以及可能排除、限制竞争的行为。

我国反垄断法的立法目的在于预防和制止垄断行为，保护市场公平竞争，维护消费者利益和社会公共利益。

反垄断法所限制的垄断行为主要包括三种：第一，经营者达成垄断协议；第二，经营者滥用市场支配地位；第三，具有或者可能具有排除、限制竞争效果的经营者集中。

（二）垄断协议

经营者达成垄断协议是指经营者达成排除、限制竞争的协议、决定或者其他协同行为。包括：固定或者变更商品价格；限制商品的生产数量或者销售数量；分割销售市场或者原材料采购市场；限制购买新技术、新设备或者限制开发新技术、新产品；联合抵制交易；国务院反垄断执法机构认定的其他垄断协议。

经营者达成并实施垄断协议的，由反垄断执法机构责令停止违法行为，没收违法所得，并处罚款；尚未实施所达成的垄断协议的，可以罚款。

（三）滥用市场支配地位

1.经营者滥用市场支配地位的认定

（1）经营者必须在相关市场内具有能够控制商品价格、数量或者其他交易条件，或者能够阻碍、影响其他经营者进入相关市场能力的市场地位；（2）经营者不合理利用了支配地位，从而限制了竞争，违背了公共利益，损害消费者的权益。

2.滥用市场支配地位的行为

（1）以不公平的高价销售商品或者以不公平的低价购买商品；（2）没有正当理由，以低于成本的价格销售商品；（3）没有正当理由，拒绝与交易相对人进行交易；（4）没有正当理由，限定交易相对人只能与其进行交易或者只能与其指定的经营者进行交易；（5）没有正当理由搭售商品，或者在交易时附加其他不合理的交易条件；（6）没有正当理由，对条件相同的交易相对人在交易价格等交易条件上实行差别待遇；（7）国务院反垄断执法机构认定的其他滥用市场支配地位的行为。

3.处罚

经营者滥用市场支配地位，由反垄断执法机构责令停止违法行为，没收违法所得，并处罚款。

（四）经营者集中

经营者的集中，主要是指企业的合并。企业合并是较为常见的市场行为，反垄断法所控制的是对市场竞争形成威胁和破坏的企业集中。

经营者违反实施集中的，由国务院反垄断执法机构责令停止实施集中、限期处分股份或者资产、限期转让营业以及采取其他必要措施恢复到集中前的状态，还可对其处以罚款。

（五）行政垄断

行政机关和法律、法规授权的具有管理公共事务职能的组织滥用行政权力，限定或者变相限定单位或者个人经营、购买、使用其指定的经营者提供的商品即构成行政垄断。

行政垄断由上级机关责令改正；对直接负责的主管人员和其他直接责任人员依法给予处分。

🔍以案释法 ㉒

严格禁止行政垄断

【案情介绍】2014年2月底，重庆某矿泉水有限公司正式在万州投资生产。当地有关部门表示，将以"最优惠"的政策扶持发展，并助其尽快成长为重庆市乃至全国同行业的"老大"。5月初，区工商局接到消费者的反映：某开发区党工委、管委会办公室先后发文，要求辖区乡、镇、街道必须统一饮用该矿泉水，同时还成立了督查机构进行检查落实。工商部门调查后认为，某开发区党工委、管委会办公室的行为，属于行政性垄断，既破坏了公平竞争的市场机制，又损害了政府的形象。区委区政府根据工商部门的调查结果和建议，立即要求有关部门进行纠正，并指示区政府督察室督察，区工商局核查。很快，有关部门就先后发文撤销限制竞争的全部文件。

【以案释法】本案中，开发区党工委、管委会办公室的行为属于典型的行政垄断。根据反垄断法第三十二条，行政机关和法律、法规授权的具有管理公共事务职能的组织不得滥用行政权力，限定或者变相限定单位或者个人经营、购买、使用其指定的经营者提供的商品。

第三节　产品质量和消费者权益保护法律制度

一、产品质量法律制度

（一）产品质量法的概述

产品质量法是调整在生产、流通和消费过程中因产品质量所发生的经济关系的法律规范的总称。我国产品质量法所规范的产品，是指经过加工、制作，用于销售的产品，不包括初级农产品、军工产品和建筑工程。

（二）生产者、销售者的产品质量义务

1.生产者的产品质量义务

生产者的产品质量义务包括作为的义务和不作为的义务两个方面。

作为的义务包括：（1）生产者应当使其生产的产品达到质量要求，即不存在危及人身、财产安全的不合理危险，有保障人身健康及人身、财产安全的国家标准、行业标准的，应符合该标准；（2）除了对产品存在使用性能的瑕疵作出说明以外，产品质量应当具备基本的使用性能；（3）产品的实际质量应符合在产品或包装上注明采用的产品标准，并符合以产品说明、实物样品等方式表明的质量状况；（4）除

裸装的产品和其他根据产品的特点难以附加标识的产品可以不附加产品标识外，其他任何产品或产品包装上均应当有标识；（5）产品包装应符合规定的要求。

不作为的义务包括：（1）生产者不得生产国家明令淘汰的产品；（2）生产者不得伪造产地，不得伪造或冒用他人的厂名、厂址；（3）生产者不得伪造或冒用认证标志、名优标志等质量标志；（4）生产者生产产品，不得掺杂、掺假，不得以次充好，不得以不合格产品冒充合格产品。

2. 销售者的产品质量义务

（1）认真执行进货检查验收的制度；（2）采取措施，保证销售产品的质量；（3）不得销售失效、变质的产品；（4）销售者销售的产品标识，应当符合产品质量法关于产品或其包装上标识的各项规定；（5）销售者不得伪造产地，不得伪造或冒用他人的厂名、厂址；（6）销售者不得伪造或冒用认证标志、名优标志等质量标志；（7）销售者销售商品，不得掺杂、掺假，不得以假充真，以次充好，不得以不合格产品冒充合格产品。

（三）生产者、销售者违反产品质量法的责任

1. 损害赔偿

销售者和生产者承担连带责任，消费者既可以向生产者求偿，也可以向销售者求偿。如果是生产者的责任，销售者赔偿后可以向生产者追偿。赔偿的范围包括人身伤害，也包括财产损害。

（1）人身伤害的赔偿范围

分为三种情况：第一，产品缺陷造成受害人人身伤害的，侵害人应当赔偿医疗费、治疗期间的护理费，因误工减少的收入等费用；第二，造成残疾的，还应支付残疾者的生活自助具费、生活补助费、残疾赔偿金，由其抚养的人必需的生活费等；第三，造成受害人死亡的，并应当支付丧葬费、死亡赔偿金，由死者生前抚养的人所必需的生活费等。

（2）财产损害的赔偿范围

对于因产品缺陷造成受害人财产损失的，侵害人应当恢复原状或者折价赔偿；受害人因此遭受重大损失的，侵害人应当赔偿损失。

2. 处罚

生产者、销售者违反产品质量法的规定，有关部门依法对其进行行政处罚，主要方式有责令停止生产销售、没收产品、没收违法所得、罚款、吊销营业执照等；构成犯罪的，依法追究刑事责任。

🔍以案释法 ㉓

生产、销售不合格食品将受法律严惩

【案情介绍】2008年3月到9月，全国各地多处发现婴儿因食用三鹿奶粉而出现肾结石的事件。9月11日，三鹿集团承认婴幼儿奶粉受到三聚氰胺污染，并宣布召回市面上被污染的产品。国家质检总局，卫生部等有关部门随即展开调查。联合调查组确认"受三聚氰胺污染的婴幼儿配方奶粉能够导致婴幼儿泌尿系统结石"。同时，石家庄市政府宣布，三鹿集团生产的婴幼儿"问题奶粉"，是不法分子在原奶收购过程中添加了三聚氰胺所致。9月17日，三鹿董事长田某被刑事拘留，12月31日田某以生产、销售伪劣产品罪被一审判处无期徒刑，其余相关责任人也被依法追究了刑事责任。在中国乳协协调下，有关责任企业赔偿公众及受害人共11亿元。

【以案释法】本案中，三鹿集团生产、销售三聚氰胺奶粉的行为，不仅违反了产品质量法、食品安全法，侵害了消费者的权益，应依法进行赔偿，而且触犯了刑律，应依法追究刑事责任。

二、消费者权益保护法律制度

（一）消费者权益保护法的概述

消费者权益保护法是调整因消费者在购买、使用商品或者接受服务过程中而产生的社会关系的法律规范总称。

消费者保护法具有以下特征：第一，以保护消费者利益为己任；第二，既强调经营者与消费者处于平等地位，又在实际规定中侧重于对消费者的保护；第三，鼓励全社会对损害消费者利益的不法行为进行监督。

（二）消费者的权利

1. 安全权

消费者在购买、使用商品和接受服务时享有人身、财产安全不受损害的权利。生活中大多数假冒伪劣产品侵害的主要是消费者的这一权利。

2. 知情权

消费者享有知悉其购买、使用的商品或者接受的服务的真实情况的权利。包括对商品的价格、产地、生产者、用途、性能、规格、等级、主要成分、生产日期、

第四章 | 83

经济法律制度

有效期限、检验合格证明、使用方法说明书、售后服务，或者服务的内容、规格、费用等有关情况的了解。

3. 自主选择权

消费者享有自主选择商品或者接受服务的权利。实践中，有的不法商家强买强卖、强行搭售等行为就侵害了消费者的自主选择权。

4. 公平交易权

消费者享有公平交易的权利。缺斤短两、坐地起价等行为，都是对这一权利的侵害。

5. 求偿权

消费者享有依法获得赔偿的权利。

6. 结社权

消费者享有依法成立维护自身合法权益的社会团体的权利。

7. 获得有关知识权

消费者享有获得有关消费和消费者权益保护方面的知识的权利。

8. 人格尊严和民族风俗习惯受尊重权

消费者在购买、使用商品和接受服务时，享有其人格尊严、民族风俗习惯得到尊重的权利。

9. 监督权

消费者享有对商品和服务以及保护消费者权益工作进行监督的权利。

以案释法 ㉔

欺诈消费者三倍赔偿

【案情介绍】2015年3月，王某从某汽车经销商购买提取豪华型新车一辆，支付价款58900元。当年5月，王某发现该车前方右侧大面积有重新做漆的痕迹，后查询到该经销商曾对该车进行过维修，更换了前灯总成和前翼子板，维修过前杠右端、右前叶子板、右前门喷漆等。王某起诉经销商要求双倍返还购车款并赔偿其他经济损失。法院判决撤销双方购车协议，王某退还车辆，由经销商三倍赔偿购车款及其他损失13万余元。

【以案释法】消费者权益保护法第五十五条规定："经营者提供

商品或者服务有欺诈行为的，应当按照消费者的要求增加赔偿其受到的损失，增加赔偿的金额为消费者购买商品的价款或者接受服务的费用的三倍；增加赔偿的金额不足五百元的，为五百元。法律另有规定的，依照其规定。"本案中，经销商隐瞒车辆存在的瑕疵，构成对王某的欺诈，因此法院判令其三倍赔偿。

（三）消费者权益保护的方式途径

1. 与经营者协商和解

消费者和经营者之间的一般争议均可由双方在平等自愿的基础上进行协商和解，而重大纠纷或双方无法协商解决的，可寻求其他解决方式。

2. 请求消费者协会调解

消协调解结果由双方自愿接受和执行。

3. 向有关行政部门申诉

申诉主要是根据具体情况，向工商部门、物价部门、质量监督等部门提出申诉，寻求救济。

4. 提请仲裁

仲裁的前提是双方事先订立的书面仲裁协议或条款。

5. 提起诉讼

诉讼是消费者权益保护最后的也是最重要的途径。

第四节　财税、金融法律制度

一、税收法律制度

（一）税收概述

税收是国家为满足社会公共需要，凭借公共权力，按照法律所规定的标准和程序，参与国民收入分配，强制地、无偿地取得财政收入的一种特定分配方式。

税收与其他分配方式相比，具有强制性、无偿性和固定性的特征。强制性是实现税收无偿征收的强有力保证，无偿性是税收本质的体现，固定性是强制性和无偿性的必然要求。

🔍 以案释法 ㉕

税收具有强制性

【案情介绍】2002年7月，著名影星刘某因涉嫌偷税漏税，经北京市人民检察院第二分院批准，被依法逮捕。经税务机关调查认定，刘某及其公司偷逃税1458.3万元，加上滞纳金573.4万元，共计欠税2000万。经仔细审查，刘某本人偷逃税款仅13万元，其余均为公司偷税款。2003年8月16日，刘某被取保候审。2004年4月6日，朝阳区人民法院对该公司偷税案作出一审判决，偷税总额最终认定为660多万元。法院以偷税罪判处公司罚金人民币710万元，以偷税罪判处该公司总经理王某有期徒刑三年。

【以案释法】税收是以国家强制力为保证的，任何负有纳税义务的个人、企业都不能拒绝，否则就要受到法律的制裁。

（二）我国的主要税种

按照征税对象的不同，我国的税收主要包括以下几类：

1. 流转税

流转税是以商品生产流转额和非生产流转额为课税对象征收的一类税。流转税是我国税制结构中的主体税类，目前包括增值税、消费税和关税等税种。

（1）增值税。增值税是以商品流通和劳务服务在各个环节的增值额为征税对象的一种税。增值税主要针对货物征税，还包括两项劳务即加工劳务和修理修配劳务。

增值税的纳税人是在我国境内销售货物、提供加工和修理修配劳务、进口货物的单位和个人。增值税的征收不考虑纳税人的盈亏状况，只要搞经营活动有增值额出现，就要征税。

（2）消费税。消费税是以特定消费品的流转额为征税对象的一种税。

消费税是对货物的销售普遍征收增值税的基础上，对特定的五类消费品加征的一道税：①过度消费对人类健康、社会秩序、生态环境等方面造成危害的消费品，如烟、酒及酒精、鞭炮和烟火；②奢侈品和非生活必需品，如贵重首饰及珠宝玉石、化妆品等；③高能耗及高档消费品，如小汽车、摩托车等；④不可再生和不可替代的石油类消费品，如汽油、柴油；⑤具有财政意义的消费品，如护肤护发用品、汽车轮胎。

在我国境内生产、委托加工和进口这些消费品的单位和个人为纳税人。

2. 所得税

所得税亦称收益税，是指以各种所得额为课税对象的一类税。所得税也是我国税制结构中的主体税类，目前包括企业所得税、个人所得税等税种。

（1）企业所得税。企业所得税流转税种不考虑盈亏状况不同，以企业经营有成果为征税的前提条件。企业所得税以纳税人每一纳税年度的收入总额减去准予扣除项目后的余额为计税依据。准予扣除项目是指成本、费用、损失。企业所得税采用比例税率，税率为25%。

在我国境内，企业和其他取得收入的组织为企业所得税的纳税人，依法缴纳企业所得税，个人独资企业、合伙企业除外。

（2）个人所得税。个人所得税是国家对本国公民、居住在本国境内的个人的所得和境外个人来源于本国的所得征收的一种所得税。

个人所得税的纳税人分为居民和非居民。居民是指在中国境内有住所，或者无住所而在境内居住满1年的个人，居民纳税人应就其来源于境内、境外的全部所得纳税；非居民是指居民以外的人，非居民仅就来源于中国境内的所得纳税。

个人的下述所得应当纳税：工资、薪金所得；个体工商户的生产、经营所得；企事业单位的承包经营、承租经营所得；劳务报酬所得；稿酬所得；特许权使用费所得；利息、股息、红利所得；财产租赁所得；财产转让所得；偶然所得；经国务院财政部门确定征税的其他所得。

个人所得税采用超额累进税率和比例税率，其中工资、薪金所得，个体户的生产经营所得和企事业单位的承包经营、承租经营所得采用超额累进税率，其余所得采用20%的比例税率。

3. 财产税

财产税是指以纳税人所拥有或支配的财产为课税对象的一类税。包括遗产税、房产税、契税、车辆购置税和车船使用税等。

4. 行为税

行为税是指以纳税人的某些特定行为为课税对象的一类税。我国现行税制中的城市维护建设税、固定资产投资方向调节税、印花税等，属于行为税。

5. 资源税

资源税是指对在我国境内从事资源开发的单位和个人征收的一类税。我国现行税制中资源税、土地增值税、耕地占用税和城镇土地使用税都属于资源税。

二、会计法律制度

（一）会计概述

会计是以货币为主要计量单位，运用一系列的科学方法，通过对日常发生的大量经济业务加以记录、分类、汇总、整理，加工成既系统又相互联系的综合数据资料，据此报告和解释一个会计主体的财务经营情况，并借以对经营活动进行分析、预测、决策、控制和考核的一种管理活动。

会计有两大基本职能，一是核算职能，一是监督职能。

（二）会计核算

1. 会计核算的基本原则

各单位不管其性质如何，都必须根据实际发生的经济业务事项进行会计核算，不得以虚假的经济业务事项或者资料进行会计核算。

2.会计核算的事项

（1）款项和有价证券的收付；（2）财物的收发、增减和使用；（3）债权债务的发生和结算；（4）资本、基金的增减；（5）收入、支出、费用、成本的计算；（6）财务成果的计算和处理；（7）需要办理会计手续、进行会计核算的其他事项。

3.会计核算的程序

（1）根据原始凭证及有关资料编制记账凭证；（2）根据记账凭证或原始凭证登记会计账簿；（3）定期的账账核对、账实核对、账款核对；（4）根据核对无误的账簿，编制财务会计报告；（5）会计报表由相关负责人签名或者签章。

4.会计核算的要求

（1）对会计凭证的要求：会计凭证包括原始凭证和记账凭证；（2）对会计登记账簿的要求：会计账簿登记，必须以经过审核的会计凭证为依据，并符合有关法律、行政法规和国家统一的会计制度的规定；（3）对财务会计报告的要求：财务会计报告应当根据经过审核的会计账簿记录和有关资料编制，并符合会计法和国家统一的会计制度关于财务会计报告的编制要求、提供对象和提供期限的规定；（4）对会计记录的文字和会计档案的要求：会计记录的文字应当使用中文。

（三）会计监督

1.单位内部的会计监督

各单位应当建立、健全本单位内部会计监督制度。单位负责人领导本单位的会计工作，应当保证会计机构、会计人员依法履行职责，不得授意、指使、强令会计机构、会计人员违法办理会计事项。

2.上级主管部门进行的监督

上级主管部门主要是对是否依法设置账簿，会计凭证、会计账簿、财务会计报告和其他会计资料是否真实、完整，会计核算是否符合法律和国家统一的会计制度的规定，从事会计工作的人员是否具备从业资格进行监督。

3.其他有关部门进行的监督

审计、税务、人民银行、证券监管、保险监管等部门依照有关法律、行政法规规定的职责，对有关单位的会计资料实施监督检查。

三、审计法律制度

（一）审计概述

审计是审计机关依法独立检查被审计单位的会计凭证、会计账簿、会计报表以

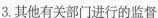
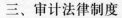

及其他与财政收支、财务收支有关的资料和资产，监督财政收支、财务收支真实、合法和效益的行为。

在我国，审计的基本职能是监督，即监督财政收支和财务收支活动的进行，审计是一项具有独立性的经济监督制度。

（二）审计机关

国务院设立审计署，在国务院总理的领导下，主管全国的审计工作，审计长是审计署的行政首长。省、自治区、直辖市、设区的市、自治州；县、自治县、不设区的市、市辖区人民政府的审计机关，分别在省长、自治区主席、市长、州长、县长、区长和上一级审计机关的领导下，负责本行政区域内的审计工作。

（三）审计机关职责

审计机关的职责包括：审计各级政府的预算执行情况；审计中央银行的财务收支；审计国有金融机构及国有企业的资产、负债、损益；审计国家的事业组织的财务收支；审计国家建设项目预算的执行情况和决算；审计政府部门管理的和社会团体受委托管理的社会保障基金、社会捐赠资金以及其他有关基金、资金的财务收支；审计国际组织和外国政府援助、贷款项目的财务收支。

（四）审计机关权限

审计机关进行审计时，行驶以下权力：有权要求被审计单位报送有关资料；有权检查被审计单位的会计资料和资产；有权就审计事项中的有关问题向有关单位和个人进行调查；有权对被审计单位正在进行的违反国家规定的行为进行制止；有权建议有关部门纠正与法律、行政法规相抵触的有关财政收支、财务收支的规定；可以向政府有关部门通报或向社会公布审计结果。

（五）审计程序

审计程序具体是：组成审计组，于实施审计前向被审计单位送达审计通知书；通过审查、查阅、检查、调查等方式进行审计，取得有关资料；审计组向审计机关提出审计报告，审计报告报送审计机关前应征求被审计单位的意见，被审计单位应将其意见以书面形式送交审计组或者审计机关；审计机关审定审计报告，对审计事项作出评价，出具审计意见书。

四、银行法律制度

（一）中国人民银行法律制度

1.中国人民银行的概念

中国人民银行是在国务院领导下，制定和执行货币政策，防范和化解金融风险，维护金融稳定的中央银行，是国务院的组成部门之一。

2. 中国人民银行的职能

中国人民银行履行下列职责：（1）发布与履行其职责有关的命令和规章；（2）依法制定和执行货币政策；（3）发行人民币，管理人民币流通；（4）监督管理银行间同业拆借市场和银行间债券市场；（5）实施外汇管理，监督管理银行间外汇市场；（6）监督管理黄金市场；（7）持有、管理、经营国家外汇储备、黄金储备；（8）经理国库；（9）维护支付、清算系统的正常运行；（10）指导、部署金融业反洗钱工作，负责反洗钱的资金监测；（11）负责金融业的统计、调查、分析和预测；（12）作为国家的中央银行，从事有关的国际金融活动；（13）国务院规定的其他职责。

（二）商业银行法律制度

1. 商业银行的概念

商业银行，是指依照商业银行法和公司法设立的吸收公众存款、发放贷款、办理结算等业务的企业法人。

2. 商业银行的业务范围

商业银行的业务范围：（1）吸收公众存款；（2）发放短期、中期和长期贷款；（3）办理国内外结算；（4）办理票据承兑与贴现；（5）发行金融债券；（6）代理发行、代理兑付、承销政府债券；（7）买卖政府债券、金融债券；（8）从事同业拆借；（9）买卖、代理买卖外汇；（10）从事银行卡业务；（11）提供信用证服务及担保；（12）代理收付款项及代理保险业务；（13）提供保管箱服务；（14）经国务院银行业监督管理机构批准的其他业务。

第五节　土地与房地产管理法律制度

一、土地管理法律制度

（一）土地所有权和使用权

1. 土地所有权

土地所有权包括国有土地所有权和集体土地所有权。城市市区的土地属于国家所有。农村和城市郊区的土地，除由法律规定属于国家所有的以外，属于农民集体所有；宅基地和自留地、自留山，属于农民集体所有。

土地所有权的取得与丧失必须依据法律规定，不得约定。土地所有权禁止交易。

2. 土地使用权

国有土地使用权的取得方式包括：划拨、出让（拍卖、招标、协议）、流转。

集体土地使用权的取得方式包括：承包、分配、拨付。集体土地使用权不得出让、转让、出租用于非农业建设。

（二）土地总体利用规划制度

1.土地利用总体规划的概念

土地利用总体规划是在一定区域内，根据国家社会经济可持续发展的要求和当地自然、经济、社会条件，对土地的开发、利用、治理、保护在空间上、时间上所作的总体安排和布局。土地利用总体规划由各级人民政府组织编制，规划期限由国务院规定。

2.土地总体利用规划编制的原则

（1）严格保护基本农田，控制非农业建设占用农用地；（2）提高土地利用率；（3）统筹安排各类、各区域用地；（4）保护和改善生态环境，保障土地的可持续利用；（5）占用耕地与开发复垦耕地相平衡。

3.土地总体利用规划的审批

土地利用总体规划实行分级审批：（1）省、自治区、直辖市的土地利用总体规划，报国务院批准；（2）省、自治区人民政府所在地的市、人口在一百万以上的城市以及国务院指定的城市的土地利用总体规划，经省、自治区人民政府审查同意后，报国务院批准；（3）以上两种除外土地利用总体规划，逐级上报省、自治区、直辖市人民政府批准；其中，乡（镇）土地利用总体规划可以由省级人民政府授权的设区的市、自治州人民政府批准。土地利用总体规划一经批准，必须严格执行。

（三）耕地保护

1.耕地保护的意义

耕地保护是指运用法律、行政、经济、技术等手段和措施，对耕地的数量和质量进行的保护。耕地保护是关系我国经济和社会可持续发展的全局性战略问题。"十分珍惜和合理利用土地，切实保护耕地"是必须长期坚持的一项基本国策。

2.占用耕地补偿制度

非农业建设经批准占用耕地的，按照"占多少，垦多少"的原则，由占用耕地的单位负责开垦与所占用耕地的数量和质量相当的耕地；没有条件开垦或者开垦的耕地不符合要求的，应当按照省、自治区、直辖市的规定缴纳耕地开垦费，专款用于开垦新的耕地。

3.基本农田保护制度

各省、自治区、直辖市划定的基本农田应当占本行政区域内耕地的80%以上。五类耕地必须划入基本农田保护区，严格管理：（1）经国务院有关主管部门或者县级以上地方人民政府批准确定的粮、棉、油生产基地内的耕地；（2）有良好的

第四章

91

经济法律制度

水利与水土保持设施的耕地，正在实施改造计划以及可以改造的中、低产田；（3）蔬菜生产基地；（4）农业科研、教学试验田；（5）国务院规定应当划入基本农田保护区的其他耕地。

（四）建设用地管理

建设用地管理是对所管辖行政区域范围内城乡建设用地的征用、划拨和出让实施统一管理，承办由同级政府审批的建设用地的审查、报批工作，指导、监督、协调各部门的建设用地，会同有关部门制定有关建设用地管理的行政法规、技术政策和经济管理办法，负责国有土地使用权转让、出租、抵押的监督。

建设用地按其利用方式不同分为农业建设用地和非农业建设用地。

建设用地管理的主要工作是：研究编制各类建设用地的中长期用地规划和年度用地计划指标，并监督实施；依法办理土地的征用、划拨，城镇国有土地的出让工作和土地使用权转让的监督管理；清查处理违法用地和违章用地；制定、完善建设用地管理的法律、法规和各类规章制度；组织制定国家建设项目和乡镇用地定额指标的编制和实施。建设用地的审批权限一般由县级以上人民政府的土地管理部门来执行。

二、房地产管理法律制度

（一）房地产开发管理

1.房地产开发的概念

房地产开发，是指在依法取得国有土地使用权的土地上进行基础设施、房屋建设的行为。

2.房地产开发的条件要求

（1）开发主体合法。进行房地产开发的单位和个人，应取得房地产开发的资格。如果是房地产开发企业，应依照城市房地产管理法规定的条件设立，向工商行政管理部门申请登记，并取得营业执照。

（2）依法取得房地产开发用地的使用权。房地产开发主体必须通过城市房地产管理法规定的合法途径（出让和划拨），取得房地产开发用地使用权。用于房地产开发的土地，必须权属清晰，房地产开发主体拥有国有土地使用证。

（3）在规定的期限内动工开发房地产。以出让方式取得土地使用权进行房地产开发的，必须按照土地使用权出让合同约定的土地用途、动工开发期限开发土地。

（二）房地产交易管理

房地产交易是房地产交易主体之间以房地产这种特殊商品作为交易对象所从事的市场交易活动。房地产交易，包括房地产转让、房地产抵押和房屋租赁。

1.房地产转让

房地产转让，是指房地产权利人通过买卖、赠与或者其他合法方式将其房地产转移给他人的行为。

房地产转让，不得违反法律法规的强制性规定，并依法办理权属登记。房地产转让，应当签订书面转让合同，合同中应当载明土地使用权取得的方式。房地产转让时，土地使用权出让合同载明的权利、义务随之转移。

2. 房地产抵押

房地产抵押，是指抵押人以其合法的房地产以不转移占有的方式向抵押权人提供债务履行担保的行为。债务人不履行债务时，抵押权人有权依法以抵押的房地产拍卖所得的价款优先受偿。

依法取得的房屋所有权连同该房屋占用范围内的土地使用权，可以设定抵押权。以出让方式取得的土地使用权，可以设定抵押权。

房地产抵押，应当凭土地使用权证书、房屋所有权证书办理，抵押人和抵押权人应当签订书面抵押合同，并依法办理权属登记。

3. 房屋租赁

房屋租赁，是指房屋所有权人作为出租人将其房屋出租给承租人使用，由承租人向出租人支付租金的行为。

房屋租赁，出租人和承租人应当签订书面租赁合同，约定租赁期限、租赁用途、租赁价格、修缮责任等条款，以及双方的其他权利和义务，并向房产管理部门登记备案。

🔍 以案释法 ㉖

房产交易不得违反强制性规定

【案情介绍】2004年8月31日，某粮食局将其下属企业竹器厂转让给汤某，用于开办化工企业。双方约定由某基层人民政府在2004年12月31日前办好房产证、土地过户手续。由于竹器厂的土地系划拨，房屋买卖合同事先没有经过县、市以上人民政府批准，房屋、土地的过户最终没有办成。汤某诉至法院，法院审理认为，划拨土地的房产须经过县、市人民政府批准方可转让，该合同违反了法律的强制性规定，属于无效合同。

【以案释法】城市房地产管理法第四十条规定："以划拨方式取得土地使用权的，转让房地产时，应当按照国务院规定，报有批准权的人民政府审批。有批准权的人民政府准予转让的，应当由受让方办理土地使用权出让手续，并依照国家有关规定缴纳土地使用权出让金。"本案中，当事人转让国有划拨土地上的房产，采取这种"先上车后买票"的做法，违反了法律的强制性规定，是无效的，造成的损失只能由当事人自己承担。

第六节　环境与资源保护法律制度

一、环境保护基本法律制度

（一）环境影响评价制度

1.环境影响评价制度的概念

环境影响评价，是指对可能造成环境影响的各种开发建设活动等事先进行调查、预测和评价，并提出可能对环境造成的影响和具体防治环境破坏的方案，最后由环境保护主管部门决定是否予以批准实施开发建设活动的一项法律制度。

2.环境影响评价的适用范围

环境影响评价的适用范围有：（1）规划；（2）建设项目。

3.环境影响评价的程序

（1）准备阶段。主要工作为研究有关文件，进行初步的工程分析和环境现状调查，筛选重点评价项目，确定各单项环境影响评价的工作等级，编制评价大纲。

（2）正式工作阶段。主要工作为详细的工程分析和环境现状调查，并进行环境影响预测和评价环境影响。

（3）报告书编制阶段。主要工作为汇总，分析第二阶段工作所得各种资料数据，给出结论，完成环境影响报告书。

（二）"三同时"制度

1.概念

"三同时"制度，是指建设项目中防治污染的设施必须与主体工程同时设计、同时施工、同时投产使用的环境法律制度。

2.适用范围

对环境有影响的建设项目需要配置环境保护设施的，必须适用"三同时"制度。

3."三同时"制度的实施程序

（1）建设项目的初步设计，应当按照环境保护设计规范的要求，编制环境保护篇章，并依据经批准的建设项目环境影响报告书或者环境影响报告表，在环境保护篇章中落实防治环境污染和生态破坏的措施以及环境保护设施投资概算；（2）建设项目的主体工程完工后，需要进行试生产，其配套建设的环境保护设施必须与主体工程同时投入试运行，建设项目试生产期间，建设单位应当对环境保护设施运行情况和建设项目对环境的影响进行监测；（3）建设项目竣工后，建设单位应当向审批该建设项目环境影响报告书、环境影响报告表或者环境影响登记表的环境保护行政主管部门，申请该建设项目需要配套建设的环境保护设施竣工验收；（4）建设项目需要配套建设的环境保护设施经验收合格，该建设项目方可投入生产或者使用。

（三）国家建立、健全生态保护补偿制度

国家加大对生态保护地区的财政转移支付力度。有关地方人民政府应当落实生态保护补偿资金，确保其用于生态保护补偿。

国家指导受益地区和生态保护地区人民政府通过协商或者按照市场规则进行生态保护补偿。加强对大气、水、土壤等的保护，建立和完善相应的调查、监测、评估和修复制度。

（四）国家建立环境监测预警制度

各级人民政府应当加强对农业环境的保护，促进农业环境保护新技术的使用，加强对农业污染源的监测预警，统筹有关部门采取措施，防治土壤污染和土地沙化、盐渍化、贫瘠化、石漠化、地面沉降以及防治植被破坏、水土流失、水体富营养化、水源枯竭、种源灭绝等生态失调现象，推广植物病虫害的综合防治。

国务院和沿海地方各级人民政府应当加强对海洋环境的保护。向海洋排放污染物、倾倒废弃物，进行海岸工程和海洋工程建设，应当符合法律法规规定和有关标准，防止和减少对海洋环境的污染损害。

（五）国家实行重点污染物排放总量控制制度

重点污染物排放总量控制指标由国务院下达，省、自治区、直辖市人民政府分解落实。企业事业单位在执行国家和地方污染物排放标准的同时，应当遵守分解落实到本单位的重点污染物排放总量控制指标。

对超过国家重点污染物排放总量控制指标或者未完成国家确定的环境质量目标的地区，省级以上人民政府环境保护主管部门应当暂停审批其新增重点污染物排放总量的建设项目环境影响评价文件。

（六）国家依照法律规定实行排污许可管理制度

实行排污许可管理的企业事业单位和其他生产经营者应当按照排污许可证的要求排放污染物；未取得排污许可证的，不得排放污染物。

国家对严重污染环境的工艺、设备和产品实行淘汰制度。任何单位和个人不得生产、销售或者转移、使用严重污染环境的工艺、设备和产品。

污染环境被重判

【案情介绍】2007年11月底至2009年2月16日期间，胡某某、丁某某明知盐城市某化工有限公司系环保部门规定的"废水不外排"企业，亦明知公司在氯代醚酮生产过程中所产生的废水含有有毒、有害物质，仍将大量废水外排，致2009年2月20日盐城市区20多万居民饮用水停水长达66小时40分，造成直接经济损失人民币543.21万元。2010年4月20日，两人以投放危险物质罪，被盐城市中级人民法院终审分别判处有期徒刑10年和6年。

【以案释法】最高人民法院专门在《人民法院年度工作报告（2009年）》中评论："这是人民法院首次对故意违规排放污染物造成重大环境污染事故发生的被告人，依法依投放危险物质罪追究刑事责任。这对于从严惩治环境资源犯罪、进一步加强对环境资源的司法保护具有重要的意义。"

二、自然资源保护基本法律制度

（一）自然资源有偿使用制度

自然资源有偿使用制度是指国家采取强制手段向开发利用自然资源的单位或个人收取自然资源使用费的制度。自然资源有偿使用的形式有两种，一是收税，二是收费。

（二）自然资源档案制度

自然资源档案是对自然资源调查所获资料、成果按一定方式进行汇集、整理、立卷归档，并集中保管的各种文件材料的总称。自然资源档案制度则是法律对自然资源档案的种类、级别、适用对象、内容、范围、资料更新时间、查阅和借阅方法、保管技术和设施与设备、保管机构及其管理要求等所作的规定，是自然资源档案的法律化。

（三）自然资源许可制度

自然资源许可制度，又称自然资源许可证制度，它是指在从事开发利用自然资源的活动之前，必须向有关管理机关提出申请，经审查批准，发给许可证后，方可进行该活动的一整套管理措施。

自然资源许可证共有三类：一是资源开发许可证。例如，林木采伐许可证、采矿许可证、捕捞许可证、采集证等；二是资源利用许可证，如土地使用证、草原使用证、养殖使用证等；三是资源进出口许可证，如野生动植物进出口许可证等。

许可证一定要依法发放。

第七节　产业与对外贸易法律制度

一、产业法律制度

（一）产业法律制度概述

产业是关于生产经营活动中提供同一产品或者同一劳务或服务的各个企业、行业与部门的总称。

产业法是调整国家产业政策制定和实施过程中所发生的经济关系的法律规范的总称。

产业法的体系包括产业结构法律制度、产业组织法律制度、产业技术法律制度和产业布局法律制度四部分，以前两部分为主体。

（二）产业结构法律制度

1.产业结构的概念

产业结构是指国内各产业的构成及各产业之间的联系和比例关系。我国的产业划分为三个层次：（1）第一产业为农业，包括农、林、牧、渔各业；（2）第二产业为工业，包括采掘、制造、自来水、电力、蒸汽、热水、煤气和建筑等各行业；（3）第三产业为第一、第二产业以外的其他产业。

2.产业扶持

国家对支柱产业、先导产业及新兴产业进行扶持。支柱产业是指在国民经济中占据重要位置的产业，如机械、电子、石化、汽车制造、建筑等。先导产业是指为实现一定的长期战略目标需要超前发展的产业。新兴产业是指随着新的科研成果和新兴技术的发明、应用而出现的新的部门和行业，如信息、生物、新材料、新能源、海洋、空间等。

3.产业结构调整

国家大力推进产业结构调整。产业结构调整包括产业结构合理化和高级化两个方面：（1）产业结构合理化，是指各产业之间相互协调，有较强的产业结构转换能力和良好的适应性，能适应市场需求变化，并带来最佳效益的产业结构，具体表现为产业之间的数量比例关系、经济技术联系和相互作用关系趋向协调平衡的过程；（2）产业结构高级化，又称为产业结构升级，是指产业结构系统从较低级形式向较高级形式的转化过程。

（三）产业组织法律制度

产业组织指产业内企业间的市场关系和组织形态。这一概念包括两层含义：

第一，产业内企业间的市场关系，是指同类企业间的垄断、竞争关系。

第二，产业内企业间的组织形态是指同类企业相互联结的组织形态，如企业集团、分包制、企业系列等。

国家政策法律支持优化产业组织体系，提高经济组织活动的整体效益。

二、对外贸易法律制度

（一）对外贸易法律制度概述

1. 对外贸易与对外贸易法的概念

对外贸易是指一个国家或者地区与其他国家或者地区之间所进行的货物、技术和服务等交易活动，包括进口和出口，又称进出口贸易。

对外贸易法是国家对进出口不断加强管理和调控的产物，是关于国家对进出口采取鼓励、限制或禁止等措施的法律法规，是一国对外贸易政策的体现。

2. 对外贸易法的基本原则

（1）实行统一的对外贸易制度，维护外贸秩序的原则；（2）鼓励发展对外贸易，发挥地方积极性，保障对外贸易经营者的经营自主权的原则；（3）平等互利的原则；（4）互惠对等原则和最惠国、国民待遇原则。

最惠国待遇原则指的是缔约国双方在通商、航海、关税、公民法律地位等方面相互给予的不低于现时或将来给予任何第三国的优惠、特权或豁免待遇。

国民待遇原则是指一个国家在民事权利方面给予在其国境内的外国公民和企业与其国内公民、企业同等待遇。国民待遇原则是最惠国待遇原则的重要补充。

（二）对外贸易主管机关和经营者

1. 对外贸易主管机关

我国对外贸易的主管机关是商务部。国家质检总局、海关等也在各自职责范围内承担对外贸易管理职能。

2. 对外贸易经营者

外贸易经营者，是指依法办理工商登记或者其他执业手续，依照对外贸易法和其他有关法律、行政法规的规定从事对外贸易经营活动的法人、其他组织或者个人。

从事货物进出口或者技术进出口的对外贸易经营者，应当向国务院对外贸易主管部门或者其委托的机构办理备案登记；但是，法律、行政法规、国务院对外贸易主管部门规定不需要备案登记的除外。

（三）货物、技术及服务贸易的管理

1. 货物进出口

国家准许货物的自由进出口。但是，法律、行政法规另有规定的除外。

2. 技术进出口

进出口属于自由进出口的技术，应当向国务院对外贸易主管部门或者其委托的机构办理合同备案登记。

3. 服务贸易

中国在国际服务贸易方面根据所缔结或者参加的国际条约、协定中所作的承诺，

给予其他缔约方、参加方市场准入和国民待遇。

4. 货物、技术及服务贸易在涉及国家安全方面的规定

国家对与裂变、聚变物质或者衍生此类物质的物质有关的货物、技术进出口以及与武器、弹药或者其他军用物资有关的进出口，可以采取任何必要的措施，维护国家安全。

在战时或者为维护国际和平与安全，国家在货物、技术进出口，可以采取任何必要的措施。

（四）配额、许可证制度

国家对限制进出口的货物，实行配额或者许可证管理；对限制进口或者出口的技术，实行许可证管理。对部分进口货物可以实行关税配额管理。

1. 配额

配额是一国政府在一定时期内，对其进出口商品实行数量限制的一种方式。进出口货物配额、关税配额，由国务院对外贸易主管部门或者国务院其他有关部门在各自的职责范围内，按照公开、公平、公正和效益的原则进行分配。

2. 许可证

许可证管理是国家规定某些货物、技术等的进出口必须从对外贸易主管机关取得许可证，没有许可证的一律不准进口或出口的一种制度，分为自动许可证和特别许可证。

（五）反倾销、反补贴和保障措施

国家根据对外贸易调查结果，可以采取适当的对外贸易救济措施。我国的贸易救济措施主要包括反倾销、反补贴、保障措施。

1. 反倾销

倾销是指正常贸易过程中进口产品以低于正常价值的倾销方式进入我国市场，对已建立的国内产业造成实质损害或者产生实质损害威胁，或者对建立国内产业造成实质阻碍的，国家可以采取反倾销措施，消除或者减轻这种损害或者损害的威胁或者阻碍。反倾销措施包括临时反倾销措施、价格承诺和反倾销税。

2. 反补贴

进口的产品直接或者间接地接受出口国家或者地区给予的任何形式的专向性补贴，对已建立的国内产业造成实质损害或者产生实质损害威胁，或者对建立国内产业造成实质阻碍的，国家可以采取反补贴措施，消除或者减轻这种损害或者损害的威胁或者阻碍。反补贴措施包括临时反补贴措施、价格承诺和反补贴税。

3. 保障措施

因进口产品数量大量增加，对生产同类产品或者与其直接竞争的产品的国内产业造成严重损害或者严重损害威胁的，国家可以采取必要的保障措施，消除或者减

轻这种损害或者损害的威胁，并可以对该产业提供必要的支持。临时保障措施采取提高关税的形式。

（思）（考）（题）

1. 经济法的法律体系是怎样的?

2. 法律规定的消费者的权利有哪些?

3. 我国的主要税种有哪些?

4. 对外贸易救济措施主要有哪些?

第五章 劳动和社会保障法律制度

本 章 要 点

★劳动者享有平等就业的权利，不因民族、种族、性别、宗教信仰等不同而受歧视。

★用人者与劳动者建立劳动关系，应当订立书面劳动合同。

★国家建立基本养老保险、基本医疗保险、工伤保险、失业保险、生育保险等社会保险制度，保障公民在年老、疾病、工伤、失业、生育等情况下依法从国家和社会获得物质帮助的权利。

★生产经营单位、从业人员及安全生产监管部门有义务预防和减少事故，保障安全生产。

第一节 就业促进法律制度

一、政策支持

国家把扩大就业放在经济社会发展的突出位置，实施积极的就业政策，坚持劳动者自主择业、市场调节就业、政府促进就业的方针，多渠道扩大就业。

国家实行有利于促进就业的财政政策，加大资金投入，改善就业环境，扩大就业。国家建立健全失业保险制度，依法确保失业人员的基本生活，并促进其实现就业。

劳动者依法享有平等就业和自主择业的权利。劳动者就业，不因民族、种族、性别、宗教信仰等不同而受歧视。

以案释法 ㉘

乙肝病毒携带者的平等就业权受法律保护

【案情介绍】余某是湖北大学2007届本科毕业生。2007年4月，余某经学校推荐，与广州某电子公司签订就业协议，并由该公司在毕业生就业推荐表的"用人单位情况及意见"栏盖章确认。双方约定：余某到公司报到后，须自费到指定医院体检，内容为乙肝两对半、ALT和胸透，若体检不合格，将不予录用。2007年7月12日，余某依约到单位报到，并按要求进行了体检，其中胸透心肺未见异常，谷丙转氨酶ALT为35U/L（合格标准为0-42U/L），乙肝两对半为大三阳，即余某为乙肝病毒携带者。7月13日，电子公司通知余某不予录取，要求余某离开公司。此后，余某与公司多次交涉未果，提请劳动仲裁未予受理，遂依法提起诉讼。本案广州市南沙区人民法院2008年10月30日一审判决，电子公司赔偿余某各项损失2335元。双方均未提起上诉。

【以案释法】乙肝病毒携带者不是乙肝患者，其平等就业权受法律保护，除法律、行政法规和国务院卫生行政部门规定的乙肝病毒携带者禁止从事的工作岗位外，用人单位不得拒绝录用。用人单位以应聘者是乙肝病毒携带者为由拒绝录用，给应聘者造成损失的，应聘者有权要求赔偿。

二、就业服务和管理

县级以上人民政府建立健全公共就业服务体系，设立公共就业服务机构，为劳动者免费提供下列服务：就业政策法规咨询；职业供求信息、市场工资指导价位信息和职业培训信息发布；职业指导和职业介绍；对就业困难人员实施就业援助；办理就业登记、失业登记等事务以及其他公共就业服务。公共就业服务机构应当不断提高服务的质量和效率，不得从事经营性活动。

地方各级人民政府和有关部门、公共就业服务机构举办的招聘会，不得向劳动者收取费用。

三、职业教育和培训

企业应当按照国家有关规定提取职工教育经费，对劳动者进行职业技能培训和继续教育培训。

地方各级人民政府鼓励和支持开展就业培训，帮助失业人员提高职业技能，增强其就业能力和创业能力。失业人员参加就业培训的，按照有关规定享受政府培训补贴。

四、就业援助

各级人民政府建立健全就业援助制度，采取税费减免、贷款贴息、社会保险补贴、岗位补贴等办法，通过公益性岗位安置等途径，对就业困难人员实行优先扶持和重点帮助。

政府投资开发的公益性岗位，应当优先安排符合岗位要求的就业困难人员。被安排在公益性岗位工作的，按照国家规定给予岗位补贴。

五、监督检查

审计机关、财政部门应当依法对就业专项资金的管理和使用情况进行监督检查。

第二节　劳动法律制度

一、劳动合同制度

（一）劳动合同的概念

劳动合同是劳动者与用工单位之间确立劳动关系，明确双方权利和义务的协议。建立劳动关系，应当订立书面劳动合同。

🔍 以案释法 ㉙

用人单位不签劳动合同需支付双倍工资

【案情介绍】刘某自2007年7月7日到保定市某网络公司工作，但是公司一直未与其签订书面的劳动合同，也未给其缴纳各项社会保险，刘某按月从公司领取工资及业务提成（工资发放凭证有本人签字）。2008年1月，刘某在没有通知公司的情况下，不再上班。1月5日，网络公司依据公司规章制度作出除名决定并电话通知刘某。后双方对工资赔偿等达不成协议，经过仲裁及两审终审，保定市中级人民法院最终判决网络公司赔偿刘某2007年8月至12月双倍工资，并补缴自2007年7月7日至2008年1月5日的社会保险费。

【以案释法】劳动合同法第八十二条第一款规定："用人单位自用工之日起超过一个月不满一年未与劳动者订立书面劳动合同的，应当向劳动者每月支付二倍的工资。"签订劳动合同既是对劳动者的保护，也是对用人单位的约束，因此签订劳动合同是用人单位的一项法定义务，如果违反该项义务，就要承担法律责任。

（二）劳动合同的种类

劳动合同分为固定期限劳动合同、无固定期限劳动合同和以完成一定工作任务为期限的劳动合同。

（三）劳动合同的内容

1. 必备条款

劳动合同应当具备以下条款：（1）用人单位的名称、住所和法定代表人或者主要负责人；（2）劳动者的姓名、住址和居民身份证或者其他有效身份证件号码；（3）劳动合同期限；（4）工作内容和工作地点；（5）工作时间和休息休假；（6）劳动报酬；（7）社会保险；（8）劳动保护、劳动条件和职业危害防护；（9）法律、法规规定应当纳入劳动合同的其他事项。

2. 可备条款

（1）试用期条款。劳动合同期限三个月以上不满一年的，试用期不得超过一个月；劳动合同期限一年以上不满三年的，试用期不得超过二个月；三年以上固定期限和无固定期限的劳动合同，试用期不得超过六个月。

（2）违约金条款。一般情况下，用人单位不得与劳动者约定由劳动者承担违约金。

（四）劳动合同的解除

用人单位不得随意解除劳动合同。用人单位与劳动者协商一致，可以解除劳动合同。劳动者提前三十日以书面形式通知用人单位，可以解除劳动合同。劳动者在试用期内提前三日通知用人单位，可以解除劳动合同。

二、劳动者的工作时间和休息休假制度

（一）工作时间及休假

国家实行劳动者每日工作时间不超过八小时、平均每周工作时间不超过四十四小时的工时制度。

公休假日，又称周休息日，是劳动者在一周内享有的休息日，公休假日一般为每周二日，一般安排在周六和周日休息。不能实行国家标准工时制度的企业和事业组织，可根据实际情况灵活安排周休息日，应当保证劳动者每周至少休息一日。

其他休假的种类：（1）法定节假日；（2）探亲假，探亲假适用于在国家机关、人民团体、全民所有制企业、事业单位工作满一年的固定职工；（3）年休假，劳动者连续工作一年以上的，享受带薪年休假。

（二）加班加点的主要法律规定

1. 加班加点的一般规定。用人单位由于生产经营需要，经与工会和劳动者协商后可以延长工作时间，一般每日不得超过一小时；因特殊原因需要延长工作时间的，在保障劳动者身体健康的条件下延长工作时间每日不得超过三小时，但是每月不得超过三十六小时。

2. 加班加点的工资标准。（1）安排劳动者延长工作时间的，支付不低于工资的150%的工资报酬；（2）休息日安排劳动者工作又不能安排补休的，支付不低于

工资的200％的工资报酬；（3）法定休假日安排劳动者工作的，支付不低于工资的300％的工资报酬。

三、劳动者的工资与福利制度

（一）工资

1. 工资的概念

工资是指劳动者通过提供劳动从其所在用人单位获得的全部劳动报酬，包括用人单位以各种形式支付的基本工资、奖金、津贴、补贴、加班加点工资以及特殊情况下支付的工资等，但不包括支付给劳动者的保险福利费用及其他非劳动收入。

2. 工资的形式

我国劳动者的工资，从其构成形式而言，主要有计时工资、计件工资、奖金、津贴和补贴，加班加点工资以及特殊情况下支付的工资。

3. 工资的支付

工资应当以货币形式在用人单位与劳动者约定的日期按月支付。用人单位不得克扣劳动者的工资。

（二）福利

1. 福利的概念

福利是指由用人单位通过建立各种补贴制度和举办集体福利事业，解决职工个人难以解决的生活困难，方便、改善职工生活，保证职工身体健康和正常工作的一种制度。

2. 福利的内容

福利可划分为集体生活福利和职工个人福利。职工个人福利又称为劳动者的福利待遇，主要包括：带薪假期、冬季取暖补贴、探亲假路费补贴、上下班交通费补贴、职工生活困难补贴、职工正常死亡丧葬补助费等。

四、劳动争议解决法律制度

劳动争议又称劳动纠纷，是指劳动者与用人单位因执行劳动法律、法规或履行劳动合同、集体合同发生的纠纷。解决劳动争议，应当根据合法、公正、及时处理的原则，依法维护劳动者的合法权益。我国处理劳动争议有四种方式：协商、调解、仲裁和诉讼。

（一）协商

经劳动合同当事人协商一致，劳动合同可以解除。协商解决劳动争议是最平和地解决争议的方式。

（二）调解

劳动争议发生后，当事人可以向本单位劳动争议调解委员会申请调解。劳动争议经调解达成协议的，当事人应当履行。

（三）仲裁

在劳动争议仲裁制度上，其特点是强制仲裁、仲裁一次不终局、劳动仲裁为司法程序的前置程序。

1. 受理范围

因确认劳动关系发生的争议；因订立、履行、变更、解除和终止劳动合同发生的争议；因除名、辞退和辞职、离职发生的争议；因工作时间、休息休假、社会保险、福利、培训以及劳动保护发生的争议；因劳动报酬、工伤医疗费、经济补偿或者赔偿金等发生的争议；法律、法规规定的其他劳动争议。

2. 时效

提出仲裁要求的一方应在自劳动争议发生之日（当事人知道或应知权利被侵害之日）起一年内向劳动争议仲裁委员会提出书面申请。

劳动关系存续期间因拖欠劳动报酬发生争议的，劳动者申请仲裁不受一年仲裁时效期间的限制；但是，劳动关系终止的，应当自劳动关系终止之日起一年内提出。

（四）诉讼

当事人对仲裁裁决不服的，可自收到仲裁裁决之日起十五日内向人民法院起诉。对一审判决、裁定不服的可以上诉。

第三节　社会保险法律制度

一、社会保险的概述

（一）社会保险的概念

社会保险是指国家通过立法设立社会保险基金，使劳动者在暂时或永久丧失劳动能力以及失业时获得物质帮助和补偿的一种社会保障制度。

（二）社会保险的结构层次

1. 国家基本保险

国家基本保险是由国家统一建立并强制实行的为全体劳动者平等地提供基本生活保障的社会保险。

2. 用人单位补充保险

用人单位补充保险是由用人单位自主建立，旨在使本单位劳动者在基本生活保障的基础上进一步获得物质帮助的社会保险，是对基本保险的补充。

3. 储蓄性保险

储蓄性保险是由劳动者根据自己的经济情况，自愿以储蓄的形式为自己建立的社会保险，是对前两种保险的补充。

（三）社会保险基金制度

1. 概念

社会保险基金是指为了保障保险对象的社会保险待遇，按照国家法律、法规，由缴费单位和缴费个人分别按缴费基数的一定比例缴纳以及通过其他合法方式筹集的专项资金。

2. 内容

社会保险基金包括基本养老保险基金、基本医疗保险基金、工伤保险基金、失业保险基金和生育保险基金。

3. 来源

我国养老保险、医疗保险、失业保险由国家、用人单位、劳动者三方负担，工伤保险、生育保险由用人单位负担。

4. 管理

各项社会保险基金按照社会保险险种分别建账，分账核算，执行国家统一的会计制度。社会保险基金专款专用，任何组织和个人不得侵占或者挪用。

🔍 以案释法 ㉚

社保基金不得擅自挪用

【案情介绍】2006年10月上旬，湖北省枝江市一参保人员持已缴纳的社保费单据到社保局办理养老保险关系转移手续，发现电脑系统内竟然没有他的缴费记录。枝江市人民检察院迅速介入，查明枝江市地税局社保费征收员闫某某、熊某某从2004年下半年至2006年10月间，合谋在征收社会养老保险费业务中，利用职务之便，采用套开税收通用缴款单的手段，挪用收取的社会养老保险费，作案63起，涉案金额达178万余元。挪用的保费绝大多数都被二人用作"赌码"，最终血本无归。2007年4月2日，枝江市人民检察院提起公诉，4月26日，枝江市人民法院经开庭审理，以挪用公款罪判处闫某某有期徒刑12年，判处熊某某有期徒刑11年6个月。判决书下达后，二人均未提出上诉。

【以案释法】法律不允许任何组织或个人私自挪用社保基金，一经发现立即追回，并没收违法所得并入社保基金。同时对挪用直接责任人或者直接负责主管人员给予行政处分，如果私自挪用数额巨大构成犯罪，还将依法追究刑事责任。

二、基本养老保险

（一）概念

基本养老保险是按国家统一的法规政策强制建立和实施的社会保险制度。企业和职工依法缴纳养老保险费，在职工达到国家规定的退休年龄或因其他原因而退出劳动岗位并办理退休手续后，社会保险经办机构向退休职工支付基本养老保险金（也称"退休金"）。

爷爷已经退休了，以后可以天天陪你出来！

（二）缴纳

基本养老保险实行社会统筹与个人账户相结合。用人单位应当按照国家规定的本单位职工工资总额的比例缴纳基本养老保险费，记入基本养老保险统筹基金。职工应当按照国家规定的本人工资的比例缴纳基本养老保险费，记入个人账户。

（三）领取

参加基本养老保险的个人，达到法定退休年龄时累计缴费满十五年的，按月领取基本养老金。参加基本养老保险的个人，达到法定退休年龄时累计缴费不足十五年的，可以缴费至满十五年，按月领取基本养老金；也可以转入新型农村社会养老保险或者城镇居民社会养老保险，按照国务院规定享受相应的养老保险待遇。

（四）调整机制

国家建立基本养老金正常调整机制。根据职工平均工资增长、物价上涨的情况，适时提高基本养老保险待遇水平。

（五）转移

个人跨统筹地区就业的，其基本养老保险关系随本人转移，缴费年限累计计算。个人达到法定退休年龄时，基本养老金分段计算、统一支付。具体办法由国务院规定。

三、基本医疗保险

（一）概念

基本医疗保险是为补偿劳动者因疾病风险造成的经济损失而建立的一项社会保险制度。通过用人单位和个人缴费，建立医疗保险基金，参保人员患病就诊发生医疗费用后，由医疗保险经办机构给予一定的经济补偿，以避免或减轻劳动者因患病、治疗等所带来的经济风险。

（二）缴纳

职工应当参加职工基本医疗保险，由用人单位和职工按照国家规定共同缴纳基本医疗保险费。基本医疗保险基金实行社会统筹和个人账户相结合。

（三）待遇

第一，参保人员要在基本医疗保险定点医疗机构就医、购药，也可按处方到定点零售药店外购药品。在非定点医疗机构就医和非定点药店购药发生医疗费用，除符合急诊、转诊等规定条件外，基本医疗保险基金不予支付。

第二，所发生医疗费用必须符合基本医疗保险药品目录、诊疗项目、医疗服务设施标准的范围和给付标准，才能由基本医疗保险基金按规定予以支付。

第三，对符合基本医疗保险基金支付范围的医疗费用，要区分是属于统筹基金支付范围还是属于个人账户支付范围。属于统筹基金支付范围的医疗费用，超过起付标准以上的由统筹基金按比例支付，最高支付到"封顶额"为止。起付标准以下医疗费用由个人账户解决或由个人自付，"封顶额"以上费用则全部由个人承担。

四、工伤保险

（一）概念

工伤保险，是指劳动者在工作中或在规定的特殊情况下，遭受意外伤害或患职业病导致暂时或永久丧失劳动能力以及死亡时，劳动者或其遗属从国家和社会获得物质帮助的一种社会保险制度。

（二）缴纳

职工应当参加工伤保险，由用人单位缴纳工伤保险费，职工不缴纳工伤保险费。国家根据不同行业的工伤风险程度确定行业的差别费率，并根据使用工伤保险基金、工伤发生率等情况在每个行业内确定费率档次。

（三）待遇

职工因工作原因受到事故伤害或者患职业病，且经工伤认定的，享受工伤保险待遇；其中，经劳动能力鉴定丧失劳动能力的，享受伤残待遇。

五、失业保险

（一）概念

失业保险是指劳动者由于非本人意愿暂时失去工作，致使工资收入中断而失去维持生计来源，并在重新寻找新的就业机会时，从国家或社会获得物质帮助以保障其基本生活的一种社会保险制度。

（二）缴纳

职工应当参加失业保险，由用人单位和职工按照国家规定共同缴纳失业保险费。

（三）失业保险金的领取

失业人员符合下列条件的，从失业保险基金中领取失业保险金：第一，失业前用人单位和本人已经缴纳失业保险费满一年的；第二，非因本人意愿中断就业的；第三，已经进行失业登记，并有求职要求的。

六、生育保险

（一）概念

生育保险是国家或社会在怀孕和分娩的妇女劳动者暂时中断劳动时，对其给予必要的经济补偿和医疗保健的社会保险制度。

（二）参保范围

生育保险的参保范围为所在城市常住户口的职工和持有所在城市工作居住证的外埠人员。

（三）缴纳

生育保险由用人单位按照国家规定缴纳生育保险费，职工不缴纳生育保险费。

（四）待遇

用人单位已经缴纳生育保险费的，其职工享受生育保险待遇；职工未就业配偶按照国家规定享受生育医疗费用待遇。所需资金从生育保险基金中支付。

生育保险待遇包括生育医疗费用和生育津贴。

第四节　安全生产法律制度

一、安全生产的概念

安全生产是指在生产经营活动中，为避免造成人员伤害和财产损失的事故而采取相应的预防和控制措施，以保证从业人员的人身安全，保证生产经营活动得以顺利进行的相关活动。

二、生产经营单位的安全生产义务

（一）遵守安全生产相关的法律、法规

生产经营单位必须严格遵守安全生产法和其他有关安全生产的法律、法规，违反者将被依法追究法律责任。

（二）加强安全生产管理

生产经营单位必须按照法律、法规和国家有关规定，结合本单位具体情况，做好安全生产的计划、组织、指挥、控制、协调等各项管理工作。要依法设置安全生产的管理机构、管理人员，建立健全本单位安全生产的各项规章制度并组织实施，做好对从业人员的安全生产教育和培训，搞好生产作业场所、设备、设施的安全管理等。

（三）建立健全安全生产责任制度

安全生产责任制度是指由企业主要负责人应负的安全生产责任、其他各级管理人员、技术人员和各职能部门应负的安全生产责任，直到各岗位操作人员应负的本岗位安全生产责任所构成的企业全员安全生产制度。

在企业安全生产责任制中，企业的主要负责人应对本单位的安全生产工作全面负责，其他各级管理人员、职能部门、技术人员和各岗位操作人员，应当根据各自的工作任务、岗位特点，确定其有安全生产方面应做的工作和应负的责任，并与奖惩制度挂钩。

（四）完善安全生产条件

企业必须具备保障安全生产的各项物质技术条件，其作业场所和各项生产经营设施、设备、器材和从业人员的安全防护用品等，都必须符合保障安全生产的要求。

三、从业人员在安全生产方面的权利义务

（一）权利

第一，有权了解其作业场所和工作岗位存在的危险因素、防范措施及事故应急措施；第二，有权对本单位的安全生产工作提出建议，对本单位安全生产工作中存在的问题提出批评、检举、控告；第三，有权拒绝违章指挥和强令冒险作业；第四，发现直接危及人身安全的紧急情况时，有权停止作业或者在采取可能的应急措施后撤离作业场所；第五，因生产安全事故受到损害的从业人员，除依法享有工伤社会保险外，依照有关民事法律尚有获得赔偿的权利的，有权向本单位提出赔偿要求。

（二）义务

第一，严格遵守本单位的安全生产规章制度和操作规程，服从管理，正确佩戴和使用劳动防护用品；第二，接受安全生产教育和培训，掌握本职工作所需的安全生产知识，提高安全生产技能，增强事故预防和应急处理能力；第三，发现事故隐患或者其他不安全因素，应当立即向现场安全生产管理人员或者本单位负责人报告。

四、安全生产的监督管理

（一）监督管理的机关

县级以上地方各级人民政府应当根据本行政区域内的安全生产状况，组织有关部门按照职责分工，对本行政区域内容易发生重大生产安全事故的生产经营单位进行严格检查。

（二）监管部门的职权

第一，进入生产经营单位进行检查，调阅有关资料，向有关单位和人员了解情况。第二，对检查中发现的安全生产违法行为，当场予以纠正或者要求限期改正，对依法应当给予行政处罚的行为，依法作出行政处罚决定。

第三，对检查中发现的事故隐患，应当责令立即排除；重大事故隐患排除前

或者排除过程中无法保证安全的，应当责令从危险区域内撤出作业人员，责令暂时停产停业或者停止使用；重大事故隐患排除后，经审查同意，方可恢复生产经营和使用。

第四，对有根据认为不符合保障安全生产的国家标准或者行业标准的设施、设备、器材以及违法生产、储存、使用、经营、运输的危险物品予以查封或者扣押，对违法生产、储存、使用、经营危险物品的作业场所予以查封，并依法作出处理决定。

监督检查不得影响被检查单位的正常生产经营活动。

🔍以案释法 ㉛

严肃处理重大安全事故

【案情介绍】2010年3月28日，能源集团一建公司某项目部施工的某焦煤有限责任公司王家岭矿在基建施工中发生透水事故，造成38人死亡、115人受伤，直接经济损失4937万元。这是一起在积水情况未探明就掘进作业导致老空区积水透出，且发现透水征兆后未及时撤出井下人员而引发的特别重大生产安全责任事故。39名事故责任人被追究责任，其中9名主要责任人移送司法机关依法追究刑事责任；其余30名事故责任人被给予党纪政纪处分。该焦煤公司被处以225万元罚款，一建公司被处以210万元罚款。该省人民政府被责成向国务院作出深刻书面检查，能源集团公司向国务院国资委作出深刻书面检查。

【以案释法】重大安全事故严重威胁到人民的生命财产安全，必须严肃处理。对有关责任人员依法给予行政处分，造成后果极其严重的，甚至要追究刑事责任。

思考题

1. 劳动争议解决的途径有哪些？

2. 社保基金制度有哪些内容？

3. 生产经营单位在保障安全生产方面有哪些义务？

第六章　刑事法律制度

　　★刑法是规定犯罪、刑事责任和刑罚的法律，我国刑法的任务是惩罚犯罪、保护人民。

　　★犯罪是危害社会、触犯刑律、应受刑罚处罚的行为，是主观要件与客观要件的统一。

　　★刑罚是对犯罪分子最严厉的法律制裁，刑罚的种类包括主刑和附加刑。

第一节　刑法概述

一、刑法的概念

　　刑法是以国家名义规定什么行为是犯罪和应负的刑事责任，并给犯罪人以何种刑罚处罚的法律。我国刑法的任务是惩罚犯罪、保护人民。新中国成立后共颁行过两部刑法典，一部是1979年刑法，一部是1997年刑法，也就是现行刑法。

二、刑法的基本原则

（一）罪刑法定原则

　　刑法第三条确立了罪刑法定原则："法律明文规定为犯罪行为的，依照法律定罪处刑；法律没有明文规定为犯罪行为的，不得定罪处刑。"这一原则的基本含义有两个：一是法无明文规定不为罪；二是法无明文规定不处罚。

（二）适用刑法人人平等原则

　　刑法第四条确立了适用刑法人人平等原则："对任何人犯罪，在适用法律上一律平等。不允许任何人有超越法律的特权。"这是我国宪法第三十三条第二款关于"公民在法律面前一律平等"原则在刑法中的体现，包括定罪平等、量刑平等、执行刑罚平等。

（三）罪刑责相适应原则

刑法第五条确立了罪责相适应原则："刑罚的轻重，应当与犯罪分子所犯罪行和承担的刑事责任相适应。"这一原则的基本含义是：犯多大的罪，就应当承担多大的刑事责任，法院亦应判处其相应轻重的刑罚，做到重罪重罚，轻罪轻罚，罚当其罪，罪刑相称。

三、刑法的适用范围

（一）刑法的空间效力

刑法的空间效力所解决的是一国刑法在什么地域、对什么人适用的问题。

1. 刑法的地域管辖原则

（1）凡在我国领域内犯罪的，除法律有特别规定的以外，都适用我国刑法，刑法上规定的"我国领域内"，是指我国国境以内的全部区域，包括领陆、领水和领空；（2）凡在我国船舶或者航空器内犯罪的，也适用我国刑法；（3）犯罪的行为或者结果有一项发生在我国领域内的，就认为在我国领域内犯罪，适用我国刑法。

2. 刑法的属人管辖原则

（1）我国公民在我国领域外犯我国刑法规定的犯罪，对最高法定刑为三年以下有期徒刑的，可以不予追究；（2）国家工作人员和军人在我国领域外犯我国刑法规定的犯罪，适用我国刑法。

3. 刑法的保护管辖原则

具有外国国籍和无国籍的人，在我国领域外对我国家或公民实施了我国刑法规定的犯罪，该犯罪在我国刑法上的最低法定刑为三年以上有期徒刑的，可以适用我国刑法；但是，按照犯罪地的法律不受处罚的除外。

4. 刑法规定的普遍管辖原则

凡是国际公约所规定的侵犯各国共同利益的犯罪，不管犯罪人的国籍与犯罪地的属性，缔约国或参加国发现犯罪在其领域之内，便行使刑事管辖权。

5. 享有外交特权和豁免权的外国人的刑事责任

享有外交特权和豁免权的外国人实施触犯我国刑法的行为，并非不构成犯罪，而是通过外交途径解决。

（二）刑法的时间效力

刑法的时间效力，是指刑法的生效时间、失效时间以及对刑法生效前所发生的行为是否具有溯及力的问题。

1. 刑法的生效时间

我国现行刑法是1997年3月14日公布，于同年10月1日开始施行。

2. 刑法的失效时间

我国刑法的失效基本上包括两种方式：（1）由立法机关明确宣布法律失效；（2）自然失效，即新法施行后代替了同类内容的旧法，或者由于原来特殊的立法条件已经消失，旧法自行废止。

3. 刑法的溯及力

刑法的溯及力，是指刑法生效以后，对于其生效以前未经审判或者判决尚未确定的行为是否适用的问题。我国现行刑法是否具有溯及力，按不同情况分别处理：（1）当时的法律不认为是犯罪，现行刑法认为是犯罪的，适用当时的法律，即刑法没有溯及力；（2）当时的法律认为是犯罪，但现行刑法不认为是犯罪的，只要这种行为未经审判或者判决尚未确定，就应当适用现行刑法，即刑法具有溯及力；（3）当时的法律和现行刑法都认为是犯罪，并且应当追诉的，原则上按当时的法律追究刑事责任，即现行刑法不具有溯及力，但是，如果当时的法律处刑比现行刑法重，则应适用现行刑法，现行刑法具有溯及力，即从旧兼从轻原则；（4）如果当时的法律已经作出了生效判决，继续有效，即使按修订后的刑法的规定，其行为不构成犯罪或处刑较当时的法律要轻，也不例外。

第二节 犯 罪

一、犯罪的概念特征

犯罪是指触犯刑律、具有刑事违法性应受刑罚处罚的行为。犯罪具有以下三个特征：

（一）社会危害性

行为具有社会危害性，是犯罪的基本特征。如果某种行为根本不可能对社会造成危害，刑法就没有必要把它规定为犯罪；某种行为虽然具有一定的社会危害性，但是情节显著轻微危害不大的，也不认为是犯罪。

（二）刑事违法性

刑事违法性是犯罪的法律特征，是刑法对具有社会危害性的犯罪行为的否定的法律评价。在刑法实行了罪刑法定原则后，刑事违法性就成为一切犯罪必不可少的基本特征。只有当行为不仅具有社会危害性，而且违反了刑法，具有刑事违法性的时候，才能被认定为犯罪。

犯罪不仅是具有社会危害性、触犯刑律的行为，而且是应受刑罚处罚的行为。应受刑罚处罚性，也就是危害行为应承担相应的法律后果。这个特征表明，如果一个行为不应当受刑罚处罚，也就意味着它不是犯罪。

🔍 以案释法 ㉜

一般违法不等于犯罪

【案情介绍】王某与李某是朋友，一日两人一起外出，李某以给家人打电话为名，借王某新买的手机用。王某将手机借给李某，李某一面打电话，一面拦下一辆出租车径行回家。王某见状，只得追到李某家中索要。李某不愿归还手机，说："大家都是朋友，何必这么小气，借我玩几天吧。"王某碍于面子，只得答应。其后，王某多次索要手机，李某均以各种理由推托，王某无奈。一年后，王某向公安机关报案，公安机关经过审查后决定不予立案。

【以案释法】本案中，李某的行为看起来与某些犯罪分子骗取手机的手段有类似之处，但李某的行为却与那些犯罪分子的行为有本质区别。李某的行为只是一般性违法，而不构成犯罪。原因是一部手机数额较小，且李某与王某是朋友关系，他继续占有手机的行为，起初是得到王某同意的，后来王某虽不同意他继续占有，但也没有执意将手机索回。综合考虑，李某的行为虽然具有社会危害性，但情节显著轻微，没有达到应受刑罚惩罚的程度，因此不构成犯罪。

二、犯罪的构成要件

犯罪构成要件，是指任何犯罪的成立必须同时具备的要件。犯罪构成的要件有四项，即犯罪客体、犯罪客观要件、犯罪主体、犯罪主观要件。

（一）犯罪客体

犯罪客体，是指我国刑法所保护而为犯罪行为所侵犯的社会主义社会关系。作为犯罪客体的社会关系主要包括四个方面：其一，人民民主专政的政权，即社会主义制度的政治基础；其二，国家所有和劳动群众集体所有的财产，即社会主义制度的经济基础；其三，公民的人身权利、民主权利和其他权利；其四，社会秩序和经济秩序。

犯罪客体是犯罪构成要件的必要要件。一个行为不侵犯任何客体，就意味着不具有社会危害性，也就不能构成犯罪。

（二）犯罪客观要件

犯罪的客观要件，是犯罪活动的客观外在表现，具体是指说明某种犯罪是通过什么样的行为、在什么样的条件下对刑法所保护的社会关系进行侵犯，以及这种侵犯造成了什么样的后果的事实特征。

犯罪客观要件包括必要要件（危害行为）、绝大多数犯罪的要件（危害结果）和选择要件（犯罪的时间、地点、方法），同时，还要研究危害行为与危害结果之间的因果关系。

（三）犯罪主体

犯罪主体，是指实施犯罪行为并应承担刑事责任的人。犯罪主体是犯罪构成的一个必要要件。没有犯罪主体就不存在犯罪，更不会发生刑事责任。犯罪主体分为两类，即自然人犯罪主体和单位犯罪主体。

1. 自然人主体

只有达到法定年龄并具有刑事责任能力的自然人，才能成为犯罪主体，责任年龄和责任能力是构成犯罪主体的必要条件。

（1）刑事责任年龄。刑事责任年龄，是指法律所规定的行为人对自己的犯罪行为负刑事责任所必须达到的年龄。刑法第十七条把刑事责任年龄划分为三个阶段：①已满十六周岁的人犯罪，应当负刑事责任，为完全负刑事责任年龄阶段；②已满十四周岁不满十六周岁的人，犯故意杀人、故意伤害致人重伤或者死亡、强奸、抢劫、贩卖毒品、放火、爆炸、投放危险物质罪的，应当负刑事责任，为相对负刑事责任年龄阶段；③不满十四周岁的人
不管实施何种危害社会的行为，都不负刑事责任，为完全不负刑事责任年龄阶段。

（2）刑事责任能力。刑事责任能力，是指辨认和控制自己行为的能力，也即辨认自己行为的意义、性质、作用、后果并加以控制的能力。

刑事责任能力包括三种：无刑事责任能力、限制刑事责任能力、完全刑事责任能力。

一切精神正常的人，对于自己实施的如杀人、伤害等行为都有辨认和控制的能力。精神病人在不能辨认或者控制自己行为的时候造成危害结果，经法定程序鉴定确定的，不负刑事责任。但间歇性精神病人，在其精神正常情况下实施犯罪行为，应当负刑事责任。醉酒的人犯罪，应当负刑事责任。

（3）特殊身份。刑法规定只要达到法定年龄、具有刑事责任能力的都可以构成犯罪的自然人主体叫一般主体，还要附加特殊身份才能构成犯罪的叫特殊主体。这里的特殊身份指的是与犯罪行为相关的身份，如男女性别、国家机关工作人员、司法人员、证人、辩护人、代理人、中介人员等。

（4）共同犯罪。共同犯罪是二人以上共同故意犯罪。共同犯罪与单独犯罪一样，都是以符合犯罪构成要件为前提，即是说"二人以上"的人，必须是符合犯罪主体要件的人；"二人以上"的共同故意，必须符合犯罪构成的主观要件；"二人以上"的共同行为，必须符合犯罪构成的客观要件。共同犯罪，并没有特殊的犯罪构成，与单独犯罪的不同点，在于共同犯罪人之间，具有共同实施同一犯罪这个特点。

2.单位主体

公司、企业、事业单位、机关、团体实施危害社会的行为，法律规定为单位犯罪的，都是单位犯罪的主体。单位犯罪既不同于自然人的犯罪，也不同于共同犯罪，而是一种单位独立实施的犯罪。单位犯罪在客观上必须是经单位决策机构决定或者由负责人员决定实施犯罪。单位犯罪的罪过形式基本上是故意，但也存在个别过失犯罪。

我国刑法对单位犯罪实行以两罚制为主，以单罚制为辅的处罚原则。在两罚制中，对单位是判处罚金，对直接负责的主管人员和直接责任人员是判处刑罚。刑法在某些情况下规定了单位犯罪的单罚制，即只处罚自然人而不处罚单位。

（四）犯罪主观要件

犯罪主观要件是指行为人对其所实施的危害社会的行为及其危害结果所持的故意或过失的心理态度。犯罪必须是主客观相统一才构成犯罪，因此主观上的罪过（即犯罪的故意或过失）是构成犯罪的必要要件。此外，还要研究犯罪的动机和目的，全面地考查行为人主观恶性的大小，这对于定罪和量刑都是十分重要的。

1.犯罪故意

犯罪故意是指明知自己的行为会发生危害社会的结果，并且希望或者放任这种结果发生的心理态度。犯罪故意由两个因素构成：一是认识因素，即明知自己的行为会发生危害社会的结果；二是意志因素，即希望（直接故意）或者放任（间接故意）这种结果发生。

2.犯罪过失

犯罪过失是指行为人应当预见自己的行为可能发生危害社会的结果，因为疏忽大意而没有预见或者已经预见而轻信能够避免，以致发生这种结果的心理状态。

犯罪过失的心理态度表现出以下两个特点：一是实际认识与认识能力相分离，即行为人虽然有能力、有条件认识到自己的行为可能发生危害社会的结果，但行为人事实上没有认识到，或者虽然认识到，但错误地认为可以避免这种危害结果发生；二是主观愿望与实际结果相分离，即行为人主观上并不希望危害社会的结果发生，但由于其错误认识而导致了偏离其主观愿望的危害结果的发生。

3. 无罪过事件

无罪过事件，是指行为在客观上虽然造成了损害结果，但是不是出于故意或者过失，而是由不能抗拒或者不能预见的原因所引起的。无罪过事件包括两种情形：一是不可抗力；二是意外事件。

无罪过事件或缺乏认识因素，或缺乏意志因素，不具备构成罪过的条件，因此，不管客观上造成了多么严重的损害结果，都不能追究刑事责任。

4. 犯罪动机与犯罪目的

在直接故意的犯罪中，犯罪动机和犯罪目的也是刑法定罪量刑必须考虑的因素。犯罪动机的性质、强弱直接反映行为人主观恶性程度大小，因而是决定社会危害性程度的重要因素之一，对量刑具有重要意义。犯罪目的则对直接故意的形成具有重要的意义，在某些特定犯罪中，还是犯罪的构成必要要件之一，对犯罪的成立与否发生影响。

三、犯罪的形态

故意犯罪的形态，是指故意犯罪在其发生、发展到完成犯罪的过程中，因主客观原因而停止下来的各种犯罪状态。

故意犯罪形态，按其停止下来时犯罪是否完成为标准，可分为两种类型：一是犯罪的完成形态，即犯罪的既遂形态；二是犯罪的未完成形态，即犯罪的预备形态、未遂形态和中止形态。既遂是犯罪的标准形态，预备、中止、未遂为特殊形态。

（一）犯罪既遂

犯罪既遂是刑法分则处罚所设定的标准的处罚程度的状况，既遂的标准因犯罪构成的不同而不同：

1. 结果犯

犯罪结果发生是既遂：如杀人，实行终了未必是既遂；故意杀人出现被害人的死亡才既遂。

2. 危险犯

不要求结果发生，只要求有结果发生的危险是既遂：如破坏交通工具罪，破坏火车、汽车、电车、船只、航空器，足以使火车、汽车、电车、船只、航空器发生倾覆、毁坏危险，即便没有造成严重后果，也是既遂。

3. 行为犯

行为人只要实施了刑法规定的某种行为，即已构成既遂的犯罪。如伪证罪，虚假陈述完成，即既遂；诬告陷害罪，告发行为完成即既遂，不要求危害结果的发生。

4. 举动犯

一着手实行犯罪行为，立即宣告既遂，没有未遂。如组织、领导、参加黑社会性质组织罪，组织、领导、参加恐怖组织罪。

（二）犯罪预备

犯罪预备即为了实施犯罪，准备工具、制造条件。犯罪预备具有以下四个特征：

第一，主观上为了犯罪。

第二，客观上实施了犯罪预备行为，包括准备工具和制造条件。

准备工具，指准备为实行犯罪使用的各种物品，如为杀人而购买刀、枪、毒药；制造条件，指为实行犯罪制造机会或创造条件，如练习扒窃技术、窥测犯罪地点、了解被害人行踪。

第三，事实上未能着手实行犯罪。一是预备行为没有完成，因而不可能着手实行犯罪；二是预备行为虽已完成，但由于某种原因未能着手实行犯罪。

第四，未能着手实行犯罪是由于行为人意志以外的原因。

（三）犯罪未遂

犯罪未遂是指犯罪分子已经着手实行犯罪，但由于他本人意志以外的原因而未得逞。犯罪未遂具有以下三个特征：

1. 犯罪分子已经着手实行犯罪

这一特征是犯罪未遂与犯罪预备相区分的主要标志，它表明犯罪已进入实行阶段。

2. 犯罪未得逞

这一特征是犯罪未遂同犯罪既遂相区分的主要标志。犯罪是否得逞，应该以是否具备刑法分则所规定的犯罪构成的全部要件为标准。

3. 犯罪未得逞是由于犯罪分子意志以外的原因

这一特征是犯罪未遂与犯罪中止相区别的主要标志，所谓犯罪分子意志以外的原因，是指违背犯罪分子本意的原因。

（四）犯罪中止

犯罪中止是指在犯罪过程中，犯罪分子自动放弃犯罪或者自动有效地防止犯罪结果发生。犯罪中止的成立必须具备以下条件：

1. 中止的及时性

犯罪中止必须发生在犯罪过程中。即犯罪中止可以发生在犯罪预备，犯罪未遂的过程中，犯罪一旦既遂，便没有中止可言。

2. 中止的自动性

这是指犯罪分子在自己认为有可能将犯罪进行到底的情况下，出于本人意愿而自动地放弃了犯罪。

3. 中止的客观性

中止不只是一种内心状态的转变，还要求客观上有中止行为。

4. 中止的有效性

这是指在犯罪完成以前自动放弃犯罪或者有效地防止犯罪结果的发生。

第三节 刑 罚

一、刑罚的概述

刑罚是刑法规定的由国家审判机关依法对犯罪分子所适用的限制或剥夺其某种权益的、最严厉的强制性法律制裁的方法。

我国的刑罚包括主刑和附加刑两大类。主刑是对犯罪分子适用的主要刑罚，它只能独立适用，不能相互附加适用。主刑分为以下五种：管制、拘役、有期徒刑、无期徒刑和死刑。附加刑，指刑法规定，除主刑之外的刑罚。附加刑既可独立适用，也可相互附加适用。附加刑分为罚金、剥夺政治权利、没收财产，对于犯罪的外国人，可以独立适用或者附加适用驱逐出境。

二、主刑

（一）管制

1. 管制的概念

管制是指对犯罪分子不实行关押交由公安机关管束和人民群众监督，限制其一定自由的刑罚方法。

2. 管制的适用对象

管制是我国主刑中最轻的一种刑罚方法，适用于罪行较轻、人身危险性较小，不需要关押的犯罪分子。

3. 管制的期限

管制作为一种限制人身自由的刑罚，其期限为三个月以上两年以下；数罪并罚时最高不能超过三年。

4. 管制的执行

对判处管制的犯罪分子，依法实行社区矫正。

（二）拘役

1. 拘役的概念

拘役是剥夺犯罪人短期人身自由，就近实行强制劳动改造的刑罚方法。

2. 拘役的适用对象

在我国刑法分则中，拘役既可适用于犯罪情节轻微，不需要判处有期徒刑的犯罪，也可以适用于本应判处短期徒刑，但具有从轻情节的犯罪。

3. 拘役的期限

拘役的期限为一个月以上六个月以下；数罪并罚时不超过一年。

4.拘役的执行

被判处拘役的犯罪分子，由公安机关就近执行。

（三）有期徒刑

1.有期徒刑的概念

有期徒刑是剥夺犯罪分子一定期限的人身自由，实行强制劳动改造的刑罚方法。

有期徒刑是剥夺自由刑的主刑，其刑罚幅度变化较大，从较轻犯罪到较重犯罪都可以适用。所以，在我国刑罚体系中，有期徒刑居于中心地位。

2.有期徒刑的适用对象

有期徒刑的适用对象可依刑期不同而有所不同：（1）十年以上有期徒刑为长期徒刑，长期徒刑一般适用于罪行比较严重，情节恶劣、人身危险性较大的罪犯；（2）三年以上十年以下有期徒刑为中期徒刑，中期徒刑的刑期幅度范围较广，适用面也较宽，在刑法分则中有不少犯罪以中期徒刑作为唯一的法定刑；（3）三年以下有期徒刑为短期徒刑。在刑法分则中，有一些犯罪的法定最高刑是短期徒刑，如侮辱罪、诽谤罪、非法剥夺公民宗教信仰自由罪、破坏选举罪等。

3.有期徒刑的期限及刑期计算

有期徒刑的期限为六个月以上十五年以下。但是，有两种情况例外：第一，根据刑法第五十条的规定，判处死刑缓期执行的，在死刑缓期执行期间，如果确有重大立功表现，两年期满以后可减为二十五年有期徒刑；第二，根据刑法第六十九条的规定，数罪并罚时有期徒刑的最高期限可达二十五年。

4.有期徒刑的执行

被判处有期徒刑的犯罪分子，在监狱或者其他执行场所执行。"其他执行场所"，是指少年犯管教所、拘役所等。

凡是被判有期徒刑的罪犯，有劳动能力的，都应当参加劳动，接受教育和改造。

（四）无期徒刑

1.无期徒刑的概念

无期徒刑是剥夺犯罪分子终身自由，并强制劳动改造的刑罚方法。

2.无期徒刑的适用对象

无期徒刑主要适用于那些不必判处死刑，而又需要与社会永久隔离、罪行严重的危害国家安全的犯罪分子和其他重大刑事犯罪分子以及严重的经济犯罪分子。

3.无期徒刑的执行

根据刑法和监狱法的有关规定，被判无期徒刑的犯罪分子，在监狱或者其他场所执行；凡是有劳动能力的，都应当参加劳动，接受教育和改造。

（五）死刑

1. 死刑的概念

死刑是剥夺犯罪分子生命的刑罚方法。死刑是刑罚体系中最严厉的惩罚手段。

2. 死刑的适用对象

死刑只适用于罪行极其严重的犯罪分子。

3. 不能适用死刑的犯罪主体

犯罪的时候不满十八周岁的人和审判的时候怀孕的妇女，不适用死刑。审判的时候已满七十五周岁的人，不适用死刑，但以特别残忍手段致人死亡的除外。

三类不适用死刑人群

4. 死刑的判决、核准和执行

判处死刑的案件，除依法由最高人民法院判决的以外，都应当报请最高人民法院核准。

最高人民法院判处和核准的死刑立即执行的判决，应当由最高人民法院院长签发执行死刑的命令。

死刑采用枪决或者注射等方法执行。

5. 死刑缓期执行制度

对于应当判处死刑的犯罪分子，如果不是必须立即执行的，可以判处死刑同时宣告缓期二年执行。这就是我国刑法中的死刑缓期执行制度，简称死缓，是死刑制度的重要组成部分。死缓不是一个刑种，而是一个运用死刑的刑罚制度：（1）在死刑缓期执行期间如果没有故意犯罪，二年期满后，减为无期徒刑；（2）在死刑缓期执行期间如果确有重大立功表现，二年期满后，减为二十五年有期徒刑；（3）在死刑缓期执行期间，如果故意犯罪，查证属实的，由最高人民法院核准，执行死刑。

🔍 以案释法 ㉝

死刑立即执行适用于情节特别恶劣、主观恶性极深的犯罪

【案情介绍】2010年10月20日晚，西安某学院大三学生药某驾车将下班途中的女服务员张某撞倒后，发现张某试图记下车牌号，便对张某连刺八刀致其死亡，并驾车逃逸。10月22日药某被警方抓获。11月23日晚，药某被警方依法刑事拘留。2011年3月23日，西安市中级人民法院开庭审理药某杀人案。4月22日，案件一审宣判，药某被判死刑。5月20日，陕西省高法维持死刑判决。6月7日上午，经最高院核准，西安市中级人民法院对药某执行了死刑。

【以案释法】本案中，药某开车将被害人张某撞伤后，不但不施救，反而因怕被害人记住其车牌号而杀人灭口，犯罪动机极其卑劣，主观恶性极深；药某持尖刀在被害人前胸、后背等部位连捅数刀，致被害人当场死亡，犯罪手段特别残忍，情节特别恶劣，罪行极其严重。因此，药某虽有自首情节，法院仍判处其死刑立即执行。

三、附加刑

（一）罚金

1.罚金的概念

罚金是人民法院判处犯罪人向国家缴纳一定数额金钱的刑罚方法。

2.罚金的适用对象

罚金具有广泛的适用性。它既可适用于处刑较轻的犯罪；也可适用于处刑较重的犯罪。

从犯罪性质上看，我国刑法中的罚金主要适用经济犯罪、财产犯罪以及妨害社会管理秩序和侵犯公民人身权利、民主权利的部分犯罪。

3.罚金的适用方式

（1）单科式。刑法规定的单科罚金主要适用于单位犯罪。

（2）选科式。罚金作为附加刑，既可附加适用，又可单独适用。

（3）并科式。我国刑法中的并科罚金，几乎都是必并制。

（4）复合式。复合式是指罚金的单处与并处同时规定在一个法条之内，以供选择适用。

4.罚金的数额

（1）无限额罚金制，刑法分则仅规定选处、单处或者并处罚金，不规定罚金的具体数额限度，而是由人民法院依据刑法总则确定的原则即根据犯罪情节自由裁量罚金的具体数额；（2）限额罚金制，刑法分则规定了罚金数额的下限和上限，人民法院只需要在规定的数额幅度内裁量罚金；（3）比例罚金制。即以犯罪金额的百分比决定罚金的数额；（4）倍数罚金制。即以犯罪金额的倍数决定罚金的数额；（5）倍比罚金制，即同时以犯罪金额的比例和倍数决定罚金的数额。

5.罚金的缴纳

罚金的缴纳分为五种情况：限期一次缴纳、限期分期缴纳、强制缴纳、随时追缴、减少或者免除缴纳。

（二）剥夺政治权利

1.剥夺政治权利的概念和内容

剥夺政治权利，是指剥夺犯罪人参加国家管理和政治活动权利的刑罚方法。剥夺政治权利是剥夺犯罪分子下列权利：（1）选举权和被选举权；（2）言论、出版、集会、结社、游行、示威自由的权利；（3）担任国家机关职务的权利；（4）担任国有公司、企业、事业单位和人民团体领导职务的权利。

2. 剥夺政治权利的适用方式和对象

剥夺政治权利的适用方式和对象都比较广泛。在适用方式上，既可以附加适用，也可以独立适用。在适用对象上，既包括严重的刑事犯罪，也包括一些较轻的犯罪。

附加适用剥夺政治权利的对象，主要是以下三种犯罪分子：（1）危害国家安全的犯罪分子；（2）故意杀人、强奸、放火、爆炸、投放危险物质、抢劫等严重破坏社会秩序的犯罪分子；（3）被判处死刑和无期徒刑的犯罪分子。

独立适用剥夺政治权利，是作为一种不剥夺罪犯人身自由的轻刑，适用于罪行较轻、不需要判处主刑的罪犯。

3. 剥夺政治权利的期限

剥夺政治权利的期限：（1）判处管制附加剥夺政治权利的，剥夺政治权利的期限与管制的期限相等，同时执行，即三个月以上两年以下；（2）判处拘役、有期徒刑附加剥夺政治权利的期限，为一年以上五年以下；（3）判处死刑、无期徒刑的犯罪分子，应当剥夺政治权利终身；（4）死刑缓期执行减为有期徒刑或者无期徒刑的，附加剥夺政治权利的期限改为三年以上十年以下。

4. 剥夺政治权利的执行

剥夺政治权利由公安机关执行。

（三）没收财产

1. 没收财产概念

没收财产是将犯罪分子个人所有财产的一部或者全部强制无偿地收归国有的刑罚方法。

2. 没收财产的适用对象

没收财产主要适用于危害国家安全罪、严重的经济犯罪、严重的财产犯罪以及部分其他严重的刑事犯罪。

3. 没收财产的范围

没收财产是没收犯罪分子个人所有财产的一部或者全部。没收全部财产的，应当对犯罪分子个人及其抚养的家属保留必需的生活费用。在判处没收财产的时候，不得没收属于犯罪分子家属所有或者应有的财产。

4. 没收财产的方式

（1）选科式。刑法分则对某种犯罪或者某种犯罪的特定情节规定为并处罚金或者没收财产，也就是说既可以适用没收财产，也可以适用其他刑罚，由法官酌情选择适用。

（2）并科式。即在对犯罪人科处生命刑或自由刑的同时判处没收财产。我国刑法分则对没收财产在多数情况下作了并科规定，这种方式又可根据是否必须科处没收财产分为两种情况：一是必并制。指在判处其他刑罚的同时必须并处没收财产。二是得并制。指在判处其他刑罚的同时可以并处没收财产。

5.没收财产的执行

没收财产的判决，无论附加适用或者独立适用，都由人民法院执行；在必要的时候，可以会同公安机关执行。

思考题

1.我国刑法的基本原则是什么？

2.犯罪具有哪些法律特征？

3.主刑和附加刑分别包括哪些内容？

第七章 诉讼和非诉讼程序法律制度

本 章 要 点

★民事诉讼是法院解决民事纠纷的活动；行政诉讼是法院解决特定范围内行政争议的活动；刑事诉讼则是法院、检察院和公安机关等解决被追诉者刑事责任问题的活动。三大诉讼既有共同的原则、程序，又有各自独有的制度规定。

★仲裁是当事人自愿将争议提交由非官方身份的仲裁员组成的仲裁庭进行裁判的一种非诉制度，与诉讼制度有很大的区别。

第一节 民事诉讼

一、民事诉讼的概述

（一）民事诉讼的概念

民事诉讼是指法院在当事人和其他诉讼参与人的参加下，以审理、判决、执行等方式解决民事纠纷的活动。

（二）民事诉讼的基本原则

民事诉讼法的基本原则是指在民事诉讼的整个过程中起指导作用的根本准则。主要包括：

1. 当事人诉讼权利平等原则

民事诉讼当事人有平等的诉讼权利。人民法院审理民事案件，应当保障和便利当事人行使诉讼权利，对当事人在适用法律上一律平等。

2. 同等原则和对等原则

同等原则是指外国人、无国籍人、外国企业和组织在人民法院起诉、应诉，同中华人民共和国公民、法人和其他组织有同等的诉讼权利义务。对等原则是指外国法院对中华人民共和国公民、法人和其他组织的民事诉讼权利加以限制的，我国人民法院对该国公民、企业和组织的民事诉讼权利，也采取相应措施加以同样的限制。

3. 法院调解自愿和合法原则

人民法院审理民事案件，应当根据自愿和合法的原则进行调解；调解不成的，应当及时判决。

4. 辩论原则

民事诉讼当事人有权对争议的问题进行辩论。当事人辩论的内容，既可以是程序方面的问题，也可以是实体方面的问题。既可以通过口头形式进行，也可以运用书面形式表达。并且当事人的辩论权贯穿民事诉讼的整个过程。

5. 处分原则

当事人有权在法律规定的范围内处分自己的民事权利和诉讼权利。

6. 支持起诉原则

机关、社会团体、企业事业单位对损害国家、集体或者个人民事权益的行为，可以支持受损害的单位或者个人向人民法院起诉。

（三）民事诉讼的基本制度

1. 合议制度

合议制度是指人民法院审理的第一审民事案件由审判员、陪审员共同组成合议庭或者有审判员组成合议庭对民事案件进行审理的制度。在普通程序中，合议庭组成有两种形式：一是审判员和人民陪审员共同组成；另一种是由审判员组成。

2. 回避制度

回避制度是指为了案件的公正审判，要求与案件有一定利害关系的审判人员或其他有关人员，不得参与本案的审理活动或诉讼活动的审判制度。适用回避的人员包括：审判人员、书记员、翻译员、鉴定员等。根据法律的规定，具有下列情形之一的，应予以回避：（1）是本案当事人或者当事人、诉讼代理人的近亲属；（2）与本案有利害关系；（3）与本案当事人有其他关系，可能影响对案件公正审理的。

3. 公开审判制度

公开审判制度是指人民法院审理民事案件，除法律规定的情况外，审判过程及结果应当向群众、社会公开。根据法律规定，下列案件不公开审判：（1）涉及国家秘密的案件；（2）涉及个人隐私的案件；（3）当事人申请不公开审理的离婚案件、涉及商业秘密的案件。

4. 两审终审制度

两审终审制度是指一个民事案件经过两级人民法院审判以后即告终结的制度。

二、民事诉讼的主管和管辖

（一）民事诉讼主管

民事诉讼主管是指法院受理民事案件的权限范围。根据民事诉讼法第三条规定，人民法院受理公民之间、法人之间、其他组织之间以及它们相互之间因财产关系和人身关系提起的民事诉讼。

（二）民事诉讼管辖

民事诉讼管辖是指各级人民法院和同级人民法院之间受理第一审民事案件的分工和权限。根据我国民事诉讼法的规定，管辖包括级别管辖、地域管辖、专属管辖、协议管辖、移送管辖、指定管辖和管辖权转移。

1. 级别管辖

级别管辖是指民事案件的第一审审判权在上下级人民法院之间的分工。根据法律的规定，基层人民法院管辖第一审民事案件，但法律另有规定的除外。中级人民法院管辖重大涉外案件，在本辖区有重大影响的案件以及最高人民法院确定由中级人民法院管辖的案件。高级人民法院管辖在本辖区有重大影响的第一审民事案件。最高人民法院管辖在全国有重大影响的案件和认为应当由本院审理的案件。

2. 地域管辖

地域管辖是指按照各人民法院的辖区和民事案件的隶属关系来划分同级人民法院受理第一审民事案件的职权范围。根据法律的规定，一般情况下，管辖的确定采用"原告就被告"的原则，对公民提起的民事诉讼，由被告住所地人民法院管辖，被告住所地与经常居住地不一致的，由经常居住地人民法院管辖。对

法人或者其他组织提起的民事诉讼，由被告住所地人民法院管辖。

3. 专属管辖

专属管辖是指法律规定某些特殊类型的案件专门由特定的人民法院管辖，其他人民法院无权管辖，也不允许当事人协议变更管辖。专属管辖有以下三种情况：（1）因不动产纠纷提起的诉讼，由不动产所在地人民法院管辖；（2）因港口作业中发生纠纷提起的诉讼，由港口所在地人民法院管辖；（3）因继承遗产纠纷提起的诉讼，由被继承人死亡时住所地或者主要遗产所在地人民法院管辖。

根据以上规定，两个以上人民法院都有管辖权的诉讼，原告可以向其中一个人民法院起诉；原告向两个以上有管辖权的人民法院起诉的，由最先立案的人民法院管辖。

4. 协议管辖

协议管辖是指合同当事人在纠纷发生之前或之后，以书面方式约定特定案件的管辖法院。法律规定，合同的双方当事人可以在书面合同中协议选择被告住所地、原告住所地、合同履行地、合同签订地、标的物所在地人民法院管辖，但不得违反

本法对级别管辖和专属管辖的规定。

5. 移送管辖

移送管辖是指人民法院在受理民事案件后，发现自己对案件并无管辖权而依法将案件移送到有管辖权的人民法院审理。

6. 指定管辖

指定管辖是指在特殊情况下，上级人民法院指定某一下级人民法院对某一案件行使管辖权。指定管辖适用于三种情形：（1）有管辖权的人民法院由于特殊原因，不能行使管辖权的，由上级人民法院指定管辖；（2）人民法院之间因管辖权发生争议，协商解决不了的，报请它们的共同上级人民法院指定管辖；（3）受移送的人民法院认为受移送的案件依照规定不属于本院管辖的，应当报请上级人民法院指定管辖，不得再自行移送。

7. 管辖权转移

管辖权转移是依据上级法院的决定或同意，将某一案件的管辖权由上级法院转移至下级法院，或者由下级法院转移至上级法院。管辖权的转移是根据具体案情对级别管辖的变通和调整，通常在直接的上下级法院之间进行。

以案释法 ㉞

被告住所地与经常居住地不一致的，由经常居住地人民法院管辖

【案情介绍】2010年9月，陆某与陈某相识恋爱。恋爱期间，陆某送给陈某及其父母彩礼若干。后双方中断恋爱关系。2012年11月13日，陆某向陈户籍所在地的浙江省慈溪市人民法院提起诉讼，要求陈某及其父母返还彩礼。陈某及其父母以自己经常居住地在杭州市江干区为理由，向慈溪市人民法院提出管辖权异议。慈溪市人民法院根据陈某等的暂住证认定，三人于2012年1月9日起暂住杭州市江干区，而本案的立案日期为2012年11月13日，三人在杭州市江干区连续居住的时间不满一年，不能认定杭州市江干区为被告的经常居住地，因此裁定驳回陈某等人的管辖权异议。陈某等不服，上诉至宁波市中级人民法院，并出示房屋出租人及江干区闸弄口村治保委员会出具的证明，证实自己暂住江干区的时间为2011年8月。宁波市中级人民法院遂裁定管辖权异议成立，本案移送杭州市江干区人民法院处理。

【以案释法】公民离开住所地至起诉时已连续居住一年以上的地方为经常居住地。我国法律没有明文规定公民申报暂住证的时间为经常居住地的起算时间，故应以公民实际居住时间为经常居住地的起算时间。被告住所地与经常居住地不一致的，由经常居住地人民法院管辖。因此本案应由杭州市江干区人民法院依法管辖。

三、民事诉讼参加人

民事诉讼参加人是指参加民事诉讼的当事人和诉讼代理人。

（一）当事人

当事人是指因民事权利义务发生争议，以自己的名义进行诉讼并受人民法院裁判约束的利害关系人。当事人有狭义和广义之分。狭义的当事人是指原告和被告，广义的当事人除原告和被告外，还包括共同诉讼人和第三人。

1. 原告和被告

原告是因民事权益发生争议或受到侵害，向法院起诉要求保护其合法权益之人。

被告是指被原告诉称侵犯其合法权益或与原告发生民事争议，而由法院通知应诉之人。

2. 共同诉讼人

共同诉讼人是指共同诉讼中的当事人。共同诉讼是指当事人一方或者双方为二人以上，其诉讼标的为共同或者诉讼标的属同一种类、人民法院认为可以合并审理并经当事人双方同意的诉讼。

3. 第三人

第三人是因与案件处理结果有法律上的利害关系，而参加到他人已经开始的诉讼中去的人。根据对诉讼标的是否有独立请求权，可将第三人分为有独立请求权的第三人和无独立请求权的第三人。

（二）诉讼代理人

诉讼代理人是指为了维护被代理人的利益，以被代理人的名义，实施诉讼行为、参加诉讼活动的人。根据产生的原因不同，可分为法定代理人、委托代理人和指定代理人。

1. 法定代理人

法定代理人是指依据法律规定直接行使代理权的人。无诉讼行为能力的人由他的监护人作为法定代理人代为诉讼。

2. 委托代理人

委托代理人是指受当事人或法定代理人的委托而代其进行诉讼活动的人。律师、当事人的近亲属、有关的社会团体或者所在单位推荐的人、经人民法院许可的其他公民，都可以被委托为诉讼代理人。

3. 指定代理人

指定代理人是指根据人民法院的指定行使代理权的人。法定代理人之间互相推诿代理责任的，由人民法院指定其中一人代为诉讼。

四、民事诉讼证据

（一）概念

民事诉讼证据是指能够证明民事案件真实情况的客观事实材料。

民事诉讼证据具有客观真实性、关联性和合法性三个最基本的特征。

我国民事诉讼证据的表现形式可以分为书证、物证、视听资料、证人证言、当事人陈述、鉴定结论、勘验笔录和电子资料八种。

（二）举证责任

1.民事诉讼的举证责任原则

我国民事诉讼的举证责任原则是"谁主张，谁举证"。当事人对自己提出的主张，有责任提供证据。当事人及其诉讼代理人因客观原因不能自行收集的证据，或者人民法院认为审理案件需要的证据，人民法院应当调查收集。

2.举证责任倒置

在一些侵权诉讼中，对原告提出的侵权事实，被告否认的，由被告负责举证。这些侵权诉讼包括：（1）因产品制造方法发明专利引起的专利诉讼；（2）高度危险作业致人损害的侵权诉讼；（3）因环境污染引起的损害赔偿诉讼；（4）建筑物或者其他设施以及建筑物的搁置物，悬挂物发生倒塌、脱落、坠落致人损害的侵权诉

讼；（5）饲养动物致人损害的侵权诉讼；（6）有关法律规定由被告承担举证责任的情形。

五、民事诉讼程序

民事诉讼的程序包括第一审程序（含简易程序）、第二审程序、审判监督程序、特别程序、督促程序、公示催告程序。

（一）第一审普通程序

第一审普通程序是我国人民法院审理民事案件时通常适用的最基本的程序。包括起诉与受理、审理前准备、开庭审理和判决和裁定等几个阶段。

1.起诉和受理

起诉是指当事人为了维护自己的合法权益，向法院提起诉讼主张的行为。起诉应当向人民法院递交起诉状，并按照被告人数提出副本。书写起诉状确有困难的，可以口头起诉，由人民法院记入笔录，并告知对方当事人。起诉必须符合下列条件：（1）原告是与本案有直接利害关系的公民、法人和其他组织；（2）有明确的被告；（3）有具体的诉讼请求和事实、理由；（4）属于人民法院受理民事诉讼的范围和受诉人民法院管辖。

人民法院接到当事人提交的民事起诉状时，对于符合条件的，应当登记立案；对当场不能判定是否符合起诉条件的，应当接收起诉材料，并出具注明收到日期的书面凭证。

需要补充必要相关材料的，人民法院应当及时告知当事人。在补齐相关材料后，应当在七日内决定是否立案。立案后发现不符合起诉条件的，裁定驳回起诉。

2.审理前的准备

审理前的准备是指人民法院在决定立案受理后，在开庭审理前依法所做的各项准备工作。主要包括自立案之日起五日内将起诉状副本发送被告，在收到被告答辩状副本之日起五日内将副本发送原告；告知当事人诉讼权利义务以及在合议庭组成后三日内告知当事人合议庭组成人员；审核诉讼材料和调查收集必要证据以及追加当事人等。

3.开庭审理

开庭审理是指人民法院在法庭上依法对案件进行审理的诉讼活动，包括开庭准备、法庭调查、法庭辩论和评议与宣判四个阶段。

（1）开庭准备。开庭准备是指法院在开庭审理三日前将审理日期和地点通知当事人和其他诉讼参与人；对公开审理的案件，法院应在开庭审理三日前公告案由、开庭的日期及地点，以便群众旁听和记者采访报道。

（2）法庭调查。法庭调查的任务是核实各种诉讼证据以查明案情、认定事实。具体调查顺序为：当事人陈述、证人作证、出示证据、宣读鉴定结论和勘验笔录等。

（3）法庭辩论。法庭辩论是指双方当事人及其诉讼代理人在法庭上就有争议的事实和法律问题进行辩驳和论证。辩论顺序为先原告后被告再第三人。辩论终结后，审判长还应询问原被告及第三人的最后意见。

（4）评议与宣判。法院辩论结束后，法庭休庭，合议庭进行评议。评议后根据案件情况当庭宣判或择日宣判。宣判时，法庭应当告知诉讼当事人的上诉权利、期限和法院。法院依照第一审普通程序审理民事案件一般应在六个月内审结。

（二）第二审普通程序

第二审程序是当事人不服第一审人民法院作出的未发生法律效力的判决和裁定而依法提请上级人民法院对案件重新进行审理的程序。

1.上诉期限

当事人不服地方人民法院第一审判决的，有权在判决书送达之日起十五日内向上一级人民法院提起上诉，不服地方人民法院第一审裁定的，有权在裁定书送达之日起十日日内向上一级人民法院提起上诉。

2.审理方式

第二审人民法院对上诉请求的有关事实和适用法律进行审查。组成合议庭，开庭审理。经过阅卷和调查，询问当事人，在事实核对清楚后，合议庭认为不需要开庭审理的，也可以径行判决、裁定。

3.审判结果

（1）原判决认定事实清楚，适用法律正确的，判决驳回上诉，维持原判决；（2）原判决适用法律错误的，依法改判；（3）原判决认定事实错误，或者原判决认定事实不清，证据不足，裁定撤销原判决，发回原审人民法院重审，或者查清事实后改判；（4）原判决违反法定程序，可能影响案件正确判决的，裁定撤销原判决，发回原审人民法院重审。

4.判决效力

第二审人民法院的判决、裁定，是终审的判决、裁定。

（三）审判监督程序

审判监督程序是对已经发生法律效力的民事判决、裁定或调解书发现确有错误并依法对案件进行再次审理并作出判决的程序。

1.启动方式

审判监督程序启动的方式有两种：一是当事人申请再审，二是检察机关抗诉。当事人在判决、裁定发生法律效力后六个月内，认为有错误的，可以向原审人民法院或者上一级人民法院申请再审，但不停止判决、裁定的执行。最高人民检察院对各级人民法院已经发生法律效力的判决、裁定，上级人民检察院对下级人民法院已经发生法律效力的判决、裁定，可以按照审判监督程序提出抗诉。

2.审理方式

人民法院审理再审案件，应当另行组成合议庭。人民法院按照审判监督程序再审的案件，发生法律效力的判决、裁定是由第一审法院作出的，按照第一审程序审理，所作的判决、裁定当事人可以上诉；发生法律效力的判决、裁定是由第二审法院作出的，按照第二审程序审理，所作的判决、裁定，是发生法律效力的判决、裁定。

（四）简易程序

简易程序是指基层人民法院及其派出法庭审理事实清楚、权利义务关系明确、争议不大的简单民事案件时所适用程序。在简易程序中，原告可以口头起诉，法院可以用简便方式随时传唤当事人，由审判员一人独任审理，审理程序简化，必须在三个月内审结民事案件并不得延长审理期限。

（五）特别程序

特别程序是人民法院审理选民资格案件、宣告失踪或者宣告死亡案件、认定公民无民事行为能力或者限制民事行为能力案件、认定财产无主案件、确认调解协议案件和实现担保物权案件所适用的程序。特别程序审理实行一审终审；选民资格案件或者重大、疑难的案件，由审判员组成合议庭审理，其他案件由审判员一人独任审理；案件应当在立案之日起三十日内或者公告期满后三十日内审结。

（六）督促程序

督促程序是指人民法院接受债权人的申请，督促债务人履行义务的非诉讼程序。债权人请求债务人给付金钱、有价证券，在债权人与债务人没有其他债务纠纷而支付令又有能够送达债务人的情况下，可以向有管辖权的基层人民法院申请支付令。

（七）公示催告程序

公示催告程序是指人民法院根据票据丧失人的申请，以公示方式催促利害关系人在规定期间内申报权利，超过期限则依法宣告票据无效的非诉讼程序。根据民事诉讼法的规定，可以背书转让的票据持有人，因票据被盗、遗失或者灭失，可以向票据支付地的基层人民法院申请公示催告。

第二节　行政诉讼

一、行政诉讼的概述

行政诉讼是人民法院应公民、法人或其他组织的请求，通过法定程序审查行政行为的合法性，从而解决特定范围内行政争议的活动。除了诉讼的一般原则以外，行政诉讼还具有几项特殊的原则：

（一）诉讼不停止执行原则

原告提起行政诉讼，不影响被告（行政主体）行政行为的先行执行力，即行政主体在人民法院作出裁判之前，可以照旧执行原行政行为。

（二）被告对被诉行政行为的合法性负举证责任原则

在行政诉讼中，被告行政主体对作出的行政行为负有举证责任。被告不提供或者无正当理由逾期提供的，应当认定该行政行为没有证据、依据。

（三）行政行为合法性审查原则

人民法院审理行政案件，主要针对行政行为是否合法进行审查，不审查行政机关的抽象行政行为（行政立法）和行政诉讼原告行为的合法性。

（四）不适用调解原则

行政诉讼中既不能把调解作为行政诉讼的必经阶段，也不能把调解作为结案的一种方式。但行政赔偿诉讼可以适用调解。

（五）司法有限变更原则

人民法院对被诉违法行政行为原则上只能确认其合法与否，宣告其无效或撤销，但不能直接代替行政主体作出一个行政行为，或对该行政行为的内容加以改变。但对"显失公正"的行政处罚行为，人民法院有权以判决形式加以变更。

（六）复议选择原则

我国的行政诉讼以"复议选择"为原则，以"复议前置"为例外。除法律、法规规定应当先向行政机关申请复议的案件外，公民、法人或者其他组织对于其他行政案件，可以选择先申请复议，对复议不服的，再向人民法院提起诉讼；也可以直接向人民法院提起诉讼。

二、行政诉讼的受案范围

根据行政诉讼法第十二条规定："人民法院受理公民、法人或者其他组织提起的下列诉讼：（一）对行政拘留、暂扣或者吊销许可证和执照、责令停产停业、没收违法所得、没收非法财物、罚款、警告等行政处罚不服的；（二）对限制人身自由或者对财产的查封、扣押、冻结等行政强制措施和行政强制执行不服的；（三）申请行政许可，行政机关拒绝或者在法定期限内不予答复，或者对行政机关作出的有关行政许可的其他决定不服的；（四）对行政机关作出的关于确认土地、矿藏、水流、森林、山岭、草原、荒地、滩涂、海域等自然资源的所有权或者使用权的决定不服的；（五）对征收、征用决定及其补偿决定不服的；（六）申请行政机关履行保护人身权、财产权等合法权益的法定职责，行政机关拒绝履行或者不予答复的；（七）认为行政机关侵犯其经营自主权或者农村土地承包经营权、农村土地经营权的；（八）认为行政机关滥用行政权力排除或者限制竞争的；（九）认为行政机关违法集资、摊派费用或者违法要求履行其他义务的；（十）认为行政机关没有依法支付抚恤金、最低生活保障待遇或者社会保险待遇的；（十一）认为行政机关不依法履行、未按照约定履行或者违法变更、解除政府特许经营协议、土地房屋征收补偿协议等协议的；（十二）认为行政机关侵犯其他人身权、财产权等合法权益的。除前款规定外，人民法院受理法律、法规规定可以提起诉讼的其他行政案件。"

🔍以案释法 ㉟

行政诉讼的对象必须是公务行为

【案情介绍】某县公安局干警王某在一次私人酒宴上与酒店老板李某发生争执，并将酒店内的一台进口彩电砸坏。李某多次向王某索赔无果，便要求王某所在单位县公安局予以赔偿，被公安局拒绝。李某遂以县公安局为被告，向县人民法院提起行政诉讼，请求法院判令县公安局赔偿自己的损失。法院审查后决定不予受理，并建议李某以王某为被告，另行提起民事诉讼。

【以案释法】本案中，王某虽然是公安局的工作人员，但他砸毁彩电的行为并不是以公安局的名义进行的，不属于行政行为，而是应由他本人负责的普通的民事行为，因而对于该行为提起的诉讼应为民事诉讼，而不是行政诉讼。

人民法院不受理公民、法人或者其他组织对下列事项提起的诉讼：第一，国防、外交等国家行为；第二，行政法规、规章或者行政机关制定、发布的具有普遍约束力的决定、命令；第三，行政机关对行政机关工作人员的奖惩、任免等决定；第四，法律规定由行政机关最终裁决的行政行为；第五，公安、国家安全等机关依照刑事诉讼法的明确授权实施的行为；第六，调解行为以及法律规定的仲裁行为；第七，不具有强制力的行政指导行为；第八，驳回当事人对行政行为提起申诉的重复处理行为；第九，对公民、法人或其他组织的权利义务不产生实际影响的行为。

三、行政诉讼的管辖

（一）级别管辖

1.基层人民法院的管辖

除法律规定由上级法院管辖的特殊情形之外，行政案件都应由基层人民法院的管辖。

2.中级人民法院的管辖

中级人民法院管辖下列第一审行政案件：（1）对国务院部门或者县级以上地方人民政府所作的行政行为提起诉讼的案件；（2）海关处理的案件；（3）本辖区内重大、复杂的案件；（4）其他法律规定由中级人民法院管辖的案件。

3.高级人民法院的管辖

高级人民法院管辖本辖区内重大、复杂的第一审行政案件。

4.最高人民法院的管辖

最高人民法院管辖全国范围内重大、复杂的第一审行政案件。

（二）地域管辖

1.一般地域管辖

（1）原告未经复议直接起诉的，由被告所在地法院管辖。

（2）行政案件由最初作出行政行为的行政机关所在地人民法院管辖。经复议的案件，也可以由复议机关所在地人民法院管辖。

2.特殊地域管辖

（1）因不动产提起的行政诉讼，由不动产所在地人民法院管辖。

（2）对限制人身自由的行政强制措施不服提起的诉讼，由被告所在地或者原告所在地人民法院管辖。

（三）裁定管辖

裁定管辖是指在特殊情况下，由人民法院以移送、指定等行为确定的管辖，包括移送管辖、指定管辖和管辖权转移。

四、行政诉讼参加人

行政诉讼参加人是指在整个或部分诉讼过程中参加行政诉讼，对行政诉讼程序能够产生重大影响的人，包括原告、被告、第三人和诉讼代理人。

（一）原告

1. 原告的概念

行政诉讼原告是指认为自己的合法权益受到行政机关或行政机关工作人员的行政行为的侵犯，依法以自己的名义向人民法院起诉，请求保护其合法权益，从而引起行政诉讼程序发生的公民、法人或其他组织。

2. 原告的确认

作为在行政法律关系中处于行政相对人地位的原告，就涉及一个在行政诉讼活动中原告的确认问题。原告的确认包括九种情况：（1）受害人的原告资格；（2）相邻权人的原告资格；（3）公平竞争权人的原告资格；（4）投资人的原告资格；（5）合伙组织的原告确认；（6）股份制企业内部机构的诉权；（7）非国有企业被行政机关分立、终止、兼并、改变隶属关系时的原告确认；（8）企业法定代表人的独立诉权和代位诉权；（9）农村土地使用权人的原告资格。

3. 原告资格的转移

（1）有原告资格的公民死亡，原告资格转移给其近亲属（包括配偶、父母、子女、同胞兄弟姐妹、外祖父母、孙子女、外孙子女）；（2）有原告资格的法人或其他组织终止，原告资格转移给承受其权利的法人或其他组织。

（二）被告

1. 被告的概念

行政诉讼被告是指由原告认为其行政行为违法，并由人民法院通知应诉的行政机关或法律、法规授权的组织。

2. 被告的确认

作为行政诉讼的被告，应是能够独立承担法律责任和诉讼后果的行政主体。行政诉讼被告的确认为以下几种情形：（1）公民、法人或者其他组织直接向人民法院提起诉讼的，作出行政行为的行政机关是被告；（2）经复议的案件，复议机关决定维持原行政行为的，作出原行政行为的行政机关是被告；复议机关改变原行政行为的，复议机关是被告；（3）两个以上行政机关作出同一行政行为的，共同作出行政行为的行政机关是共同被告；（4）由法律、法规授权的组织所作的行政行为，该组织是被告，由行政机关委托的组织所作的行政行为，委托的行政机关是被告；（5）行政机关被撤销的，继续行使其职权的行政机关是被告。

（三）第三人

1. 第三人的概念

行政诉讼的第三人是指同原被告诉讼争议的行政行为有利害关系，为了维护自己的合法权益而参加诉讼的公民、法人和其他组织。行政诉讼中第三人都有独立的诉讼地位。

2. 第三人的种类

第三人在总体上可以分为原告型第三人、被告型第三人和证人型第三人。具体来说主要有以下几种：（1）行政处罚案件中的受害人和加害人；（2）行政处罚案件中的共同被处罚人；（3）行政裁决案件中的当事人；（4）两个以上行政机关作出相互矛盾的行政行为，非被告的行政机关可以是第三人；（5）与行政机关共同署名作出处理决定的非行政组织；（6）应当追加被告而原告不同意追加的，法院应通知其作为第三人参加诉讼。

（四）诉讼代理人

诉讼代理人是指依照法律规定或受当事人的委托代为进行行政诉讼的人。

五、行政诉讼程序

（一）起诉和受理

1. 起诉

公民、法人或其他组织未经复议直接向法院提起诉讼的，应当在知道作出行政行为之日起六个月内提出；经复议的一般起诉期限是在收到决定书之日起十五日内提出；复议机关逾期不做决定的在复议期满之日起十五日内提出；法律另有规定的除外。

2. 受理

人民法院在接到起诉状时对符合本法规定的起诉条件的，应当登记立案。对当场不能判定是否符合本法规定的起诉条件的，应当接收起诉状，出具注明收到日期的书面凭证，并在七日内决定是否立案。不符合起诉条件的，作出不予立案的裁定。裁定书应当载明不予立案的理由。原告对裁定不服的，可以提起上诉。起诉状内容欠缺或者有其他错误的，应当给予指导和释明，并一次性告知当事人需要补正的内容。不得未经指导和释明即以起诉不符合条件为由不接收起诉状。

（二）第一审程序

人民法院对于已经受理的行政案件，经过诉讼前的准备之后，应当指定日期开庭审理。庭审程序包括开庭准备、开庭审理、法庭调查、法庭辩论、合议庭评议和宣读判决。

人民法院审理第一审行政案件，应当自立案之日起六个月内作出判决。有特殊情况需要延长的，由高级人民法院批准，高级人民法院审理第一审行政案件需要延长的，由最高人民法院批准。

法院经过审理之后，根据案件不同情况一般可以对行政机关的行政行为作出四种类型的判决，即判决维持、判决撤销、判决限期履行和判决变更。

（三）第二审程序

在行政诉讼活动中，当事人上诉是引起第二审程序发生的唯一原因。

第二审法院审理上诉行政案件，应当自收到上诉状之日起三个月内作出终审判决。有特殊情况需要延长的，由高级人民法院批准，高级人民法院审理上诉行政案件需要延长的，由最高人民法院批准。

第二审法院审理上诉行政案件，根据不同情况可以作出维持原判和依法改判两种判决以及撤销原判、发回重审的裁定。

（四）审判监督程序

当事人对已经发生法律效力的裁判、调解书认为确有错误的，可在裁判、调解书生效六个月向人民法院申请再审。

人民法院院长对本院已经发生法律效力的判决、裁定，发现违反法律、法规规定认为需要再审的，应当提交审判委员会决定是否再审。上级人民法院对下级人民法院已经发生法律效力的判决、裁定，发现违反法律、法规规定的，有权提审或者指令下级人民法院再审。人民检察院对人民法院已经发生法律效力的判决、裁定，发现违反法律、法规规定的，有权按照审判监督程序提出抗诉。

（五）执行程序

1.公民、法人或者其他组织拒绝履行判决、裁定的，行政机关可以向第一审人民法院申请强制执行，或者依法强制执行。

2.行政机关拒绝履行判决、裁定的，第一审人民法院可以采取以下措施：（1）对应当归还的罚款或者应当给付的赔偿金，通知银行从该行政机关的账户内划拨；（2）在规定期限内不履行的，从期满之日起，对该行政机关负责人按日处五十元至一百元的罚款；（3）将行政机关拒绝履行的情况予以公告；（4）向该行政机关的上一级行政机关或者监察、人事机关提出司法建议。接受司法建议的机关，根据有关规定进行处理，并将处理情况告知人民法院；（5）拒不履行判决、裁定，情节严重构成犯罪的，依法追究主管人员和直接责任人员的刑事责任。

第三节　刑事诉讼

一、刑事诉讼的概述

刑事诉讼是指审判机关、检察机关和侦查机关在当事人以及诉讼参与人的参加下，依照法定程序解决被追诉者刑事责任问题的诉讼活动。除了诉讼的一般原则以外，刑事诉讼特有的原则包括：

（一）侦查权、检察权、审判权由专门机关依法行使

对刑事案件的侦查、拘留、执行逮捕、预审，由公安机关负责；检察、批准逮捕、检察机关直接受理案件的侦查、提起公诉，由人民检察院负责；审判由人民法院负责。除法律特别规定的以外，其他任何机关、团体和个人都无权行使这些权力。

（二）人民法院、人民检察院依法独立行使职权

人民法院依照法律规定独立行使审判权，人民检察院依照法律规定独立行使检察权。

（三）分工负责、互相配合、互相制约原则

人民法院、人民检察院和公安机关进行刑事诉讼，应当分工负责，互相配合，互相制约，以保证准确有效地执行法律。

（四）犯罪嫌疑人、被告人有权获得辩护

人民法院审判案件，被告人有权获得辩护，人民法院有义务保证被告人获得辩护。犯罪嫌疑人、被告人除自己行使辩护权外，还可以委托一至二人作为辩护人。被告人的辩护权，公诉案件自案件移送审查之日起行使。自诉案件的被告人可以随时委托辩护人。

（五）未经人民法院判决，对任何人都不得确定有罪

未经人民法院依法判决，对任何人都不得确定有罪。即确定被告人有罪的权力由人民法院统一行使。

（六）具有法定情形不予追究刑事责任

法定不予追究刑事责任的情形包括：情节显著轻微、危害不大，不认为是犯罪的；犯罪已过追诉时效期限的；经特赦令免除刑罚的；依照刑法告诉才处理的犯罪，没有告诉或者撤回告诉的；犯罪嫌疑人、被告人死亡的；其他法律规定免予追究刑事责任的。

二、刑事诉讼中的专门机关和诉讼参与人

（一）专门机关

刑事诉讼中的专门机关主要包括侦查机关、检察机关和审判机关。其中，享有侦查权的机关包括：公安机关、国家安全机关、检察机关、军队的保卫部门、监狱和海关总署缉私局。人民检察院是唯一享有检察权的机关。人民法院是唯一享有审判权的机关。

（二）诉讼参与人

诉讼参与人是指在刑事诉讼过程中享有一定诉讼权利，承担一定诉讼义务的除国家专门机关工作人员以外的人。诉讼参与人包括当事人和其他诉讼参与人。

1.当事人

（1）被害人。被害人是特指在公诉案件中，直接遭受犯罪行为侵害的人。自诉案件的被害人称为自诉人。

（2）自诉人。自诉人是指以个人名义直接向人民法院提起诉讼的被害人。被害人死亡或者丧失行为能力的，被害人的法定代理人、近亲属有权直接向人民法院提起诉讼。

（3）犯罪嫌疑人。因涉嫌犯罪而被公安机关或人民检察院决定立案侦查，尚未被提起公诉的人。

（4）被告人。被告人是指被指控犯有某种罪行并被起诉到人民法院的当事人。包括自诉案件的被告人和公诉案件的被告人。犯罪嫌疑人自被提起公诉之日起称为被告人。

（5）附带民事诉讼的原告人和被告人。附带民事诉讼的原告人是指向司法机关提起附带民事诉讼，要求被告人对犯罪行为所造成的损失作出物质赔偿的人。附带民事诉讼的被告人是指对其犯罪行为所造成的损失承担物质赔偿责任的人。

2.其他诉讼参与人

其他诉讼参与人包括法定代理人、辩护人、证人、鉴定人、翻译人员以及诉讼代理人。

三、刑事诉讼的管辖

（一）立案管辖

立案管辖是人民法院、人民检察院和公安机关在直接受理刑事案件上的分工。

1.公安机关受理的案件

刑事案件的侦查由公安机关进行，法律另有规定的除外。

2.人民检察院受理的案件

贪污贿赂犯罪，国家工作人员的渎职犯罪，国家机关工作人员利用职权实施的非法拘禁、刑讯逼供、报复陷害、非法搜查的侵犯公民人身权利的犯罪以及侵犯公民民主权利的犯罪，由人民检察院立案侦查。对于国家机关工作人员利用职权实施的其他重大的犯罪案件，需要由人民检察院直接受理的时候，经省级以上人民检察院决定，可以由人民检察院立案侦查。

3.人民法院受理的案件

自诉案件，由人民法院直接受理，包括：（1）告诉才处理的案件；（2）人民检察院没有提起公诉，被害人有证据证明的轻微刑事案件；（3）被害人有证据证明对被告人侵犯自己人身、财产权利的行为应当依法追究刑事责任，而公安机关或者人民检察院已经作出不予追究的书面决定的案件。

4. 其他机关管辖的案件

国家安全机关管辖危害国家安全案件；军队保卫部门管辖军队内部发生的刑事案件；监狱管辖罪犯在监狱内犯罪的案件。

（二）审判管辖

审判管辖是指各级人民法院之间、同级人民法院之间以及普通人民法院与专门人民法院之间在审判第一审刑事案件上的分工。审判管辖分为普通管辖和专门管辖；普通管辖又分为级别管辖、地域管辖和指定管辖。

1. 级别管辖

基层人民法院管辖第一审普通刑事案件。中级人民法院管辖危害国家安全、恐怖活动案件，可能判处无期徒刑、死刑的普通刑事案件，以及外国人犯罪的刑事案件。高级人民法院管辖的第一审刑事案件，是全省（自治区、直辖市）性的重大刑事案件。最高人民法院管辖的第一审刑事案件，是全国性的特大刑事案件。

2. 地域管辖

地区管辖按以下原则确定：（1）以犯罪地人民法院管辖为主、被告人居住地人民法院管辖为辅原则；（2）以最初受理的人民法院审判为主，主要犯罪地人民法院审判为辅原则。

3. 指定管辖

指定管辖是指由上级人民法院以指定的方式确定具体案件的管辖权。需要指定管辖的案件有以下两种情况：（1）管辖不明；（2）管辖不能。

4. 专门管辖

在我国，具有刑事管辖权的专门法院有军事法院和铁路运输法院。

军事法院管辖的案件有：军人违反职责罪案件及现役军人、在军队编制内服务的无军职人员、普通公民危害与破坏国防军事的犯罪案件。

铁路运输法院管辖的案件主要是由铁路系统公安机关负责侦破的危害、破坏铁路运输和生产的案件；破坏铁路交通设施的案件；火车上发生的犯罪案件以及违反铁路运输法规造成重大事故或严重后果的案件。

四、刑事回避与刑事辩护制度

（一）刑事回避制度

刑事回避是指与案件有法定利害关系或者其他可能影响案件公正处理关系的人员及机构，不得参与该刑事案件的处理的一种刑事诉讼制度。

1. 适用对象

回避制度适用于审判人员、检察人员、侦查人员、书记员、翻译人员和鉴定人。

2.回避事由

（1）审判人员、检察人员、侦查人员自行回避：①是本案的当事人或者是当事人的近亲属的；②本人或者他的近亲属和本案有利害关系的；③担任过本案的证人、鉴定人、辩护人、诉讼代理人、翻译人员的；④与本案当事人有其他利害关系，可能影响公正审判的。

（2）审判人员、检察人员、侦查人员接受当事人及其委托的人的请客送礼，违反规定会见当事人及其委托的人，另一方当事人及其法定代理人有权要求他们回避。

（二）辩护制度

刑事辩护是刑事诉讼制度的一项重要内容，是指作为犯罪嫌疑人、被告人在未经法律规定的程序判决有罪之前，被推定为无罪，因而享有辩护权及其他诉讼权利，可以委托律师或其他辩护人参与刑事诉讼程序，通过充分行使辩护权，与追诉机关进行平等对抗，以维护其合法权益。

1.自行委托辩护人

犯罪嫌疑人、被告人除自己行使辩护权以外，还可以委托一至二人作为辩护人。公诉案件犯罪嫌疑人自被侦查机关第一次讯问或者采取强制措施之日起，有权委托辩护人；在侦查期间，只能委托律师作为辩护人。自诉案件的被告人有权随时委托辩护人。

2.法院指定辩护人

法院指定辩护人的情形：（1）犯罪嫌疑人、被告人因经济困难或者其他原因没有委托辩护人的，本人及其近亲属可以向法律援助机构提出申请；（2）犯罪嫌疑人、被告人是盲、聋、哑人，或者是尚未完全丧失辨认或者控制自己行为能力的精神病人，没有委托辩护人的，人民法院、人民检察院和公安机关应当通知法律援助机构指派律师为其提供辩护；（3）犯罪嫌疑人、被告人可能被判处无期徒刑、死刑，没有委托辩护人的，人民法院、人民检察院和公安机关应当通知法律援助机构指派律师为其提供辩护。

五、刑事诉讼强制措施

刑事诉讼中的强制措施是指公检法机关为保证刑事诉讼的顺利进行，依法对犯罪嫌疑人、被告人的人身自由进行暂时限制或剥夺的强制性方法。我国刑事诉讼法规定了以下五种强制措施：

（一）拘传

拘传是指司法机关对未被拘留逮捕的犯罪嫌疑人、被告人依法强制其到指定地点接受讯问的强制措施。

（二）取保候审

刑事诉讼中的取保候审是指司法机关责令未被逮捕的犯罪嫌疑人、被告人提出保证人或者交纳保证金，保证不逃避或妨害侦查、起诉、审判并随传随到的一种强制措施。

（三）监视居住

监视居住是指司法机关责令未被逮捕的犯罪嫌疑人、被告人未经批准不得离开住处，无固定住处的，未经批准不得离开指定的住处，依法对其行动加以监视和控制的一种强制措施。

（四）拘留

刑事诉讼中的拘留是指人民检察院、公安机关对直接受理的案件，在侦查过程中，遇到法定的紧急情况下，对现行犯或者重大嫌疑分子，采取暂时限制其人身自由的一种强制措施。

（五）逮捕

逮捕是指司法机关为防止犯罪嫌疑人、被告人实施妨碍刑事诉讼的行为，逃避侦查、起诉、审判或发生社会危害性，而依法暂时剥夺其人身自由的一种强制措施，是刑事诉讼强制措施中最严厉的一种。根据刑事诉讼法规定，对有证据证明有犯罪事实，可能判处有期徒刑以上刑罚的犯罪嫌疑人，采取取保候审、监视居住等方法，尚不足以防止发生社会危险性，而有逮捕必要的，应即依法逮捕。

六、刑事诉讼证据

（一）刑事证据的种类

刑事诉讼证据有八种：物证；书证；证人证言；被害人陈述；犯罪嫌疑人、被告人供述和辩解；鉴定意见；勘验、检查、辨认、侦查实验等笔录；视听资料；电子数据。

（二）刑事证据的收集

收集证据是指公安、司法机关和律师为了证明特定的案件事实，按照法律规定和程序，收集证据和证据材料的法律活动。根据刑事诉讼法规定，审判人员、检察人员和公安人员必须依照法定程序，收集能够证明犯罪嫌疑人、被告人有罪或无罪以及犯罪情节轻重的各种证据，严禁刑讯逼供和以威胁、引诱、欺骗或其他非法方法收集证据。公检法机关有权向有关单位和个人收集调取证据，有关单位和个人应当如实提供证据。

（三）刑事证据的审查

刑事证据的审查，是指司法人员对于已经收集到的各种证据材料，进行分析研究，审查判断，以确定各个证据有无证明力和证明力大小，并对整个案件事实作出合乎实际的结论。对一切案件的判处都要重证据，重调查研究，不轻信口供。只有被告人供述而没有其他证据的，不能认定被告人有罪和处以刑罚。没有被告人供述而其他证据确实充分的，可以认定被告人有罪并处以刑罚。

七、附带民事诉讼

附带民事诉讼，是指司法机关在刑事诉讼过程中，在解决被告人刑事责任的同时，解决因被告人的犯罪行为所造成的物质损失的赔偿而进行的诉讼活动。

人民法院受理刑事案件后，可以告知因犯罪行为遭受损失的被害人、已死亡被害人的近亲属、无行为能力或者限制行为能力被害人的法定代理人，有权提起附带民事诉讼。如果是国家的财产、集体财产受到损失，受损失的单位未提起附带民事诉讼，人民检察院可以在提起公诉时提起附带民事诉讼。

附带民事诉讼应当在刑事案件立案以后第一次判决宣告以前提起。

八、刑事诉讼阶段

（一）立案

立案是指司法机关按照管辖范围，对刑事案件接受、审查和作出受理决定的诉讼活动。任何单位和个人发现有犯罪事实或者犯罪嫌疑人，有权也有义务向公安机关、人民检察院或人民法院报案或举报。被害人对于侵害其人身权或财产权的犯罪事实或犯罪嫌疑人，有权向公安机关、人民检察院或人民法院报案或控告。

（二）侦查

侦查是公安机关和人民检察院为查明案情、收集证据和查获犯罪嫌疑人而依法进行调查工作和采取有关强制措施的诉讼活动。侦查人员在侦查过程中可以采用下列侦查手段：讯问犯罪嫌疑人；询问证人；勘验、检查；搜查；查封、扣押物证、书证；鉴定；通缉。

公安机关和人民检察院通过侦查，弄清事实真相，证据确实充分后就终结侦查。人民检察院对公安机关移送的案件和自己受理侦查终结的案件，应当根据案件的不同情况，分别作出提起公诉、不起诉或者撤销案件的决定。

（三）起诉

起诉是指请求人民法院对被告人进行审判的诉讼活动。人民检察院代表国家进行的起诉，称为公诉。被害人本人或者他的法定代理人、近亲属进行的起诉，称为自诉。

（四）审判

刑事诉讼中的审判，就是人民法院对人民检察院提起公诉或者自诉人提起自诉的案件，依照法定程序，审查案件事实，并根据已经查明的事实、证据和有关的法律规定，作出被告人是否有罪、应否给予刑事处罚的裁判活动。

1. 第一审程序

公诉案件的开庭审判包括开庭准备，法庭调查，法庭辩论，被告人最后陈述、法庭评议、审判五个阶段。人民法院审理公诉案件，一般情况下，应当在受理后两个月以内宣判，至迟不得超过三个月。

简易程序是指基层人民法院审理某些事实清楚、情节简单、犯罪轻微的刑事案件所适用的，相对简化的审判程序。基层人民法院管辖的案件，符合下列条件的，可以适用简易程序审判：（1）案件事实清楚、证据充分的；（2）被告人承认自己所犯罪行，对指控的犯罪事实没有异议的；（3）被告人对适用简易程序没有异议的。人民检察院在提起公诉的时候，可以建议人民法院适用简易程序。适用简易程序审理案件，人民法院一般应当在受理后二十日以内审结，最迟不得超过一个半月。

2. 第二审程序

刑事诉讼被告、自诉人和他们的法定代理人，不服地方各级人民法院的第一审判决、裁定，有权用书面或口头形式，向上一级人民法院提起上诉。被告人的辩护人和近亲属，经被告人同意，可以提出上诉。附带民事诉讼的当事人及其法定代理人，可以对地方各级人民法院第一审的判决、裁定中的附带民事诉讼部分，提出上诉。地方各级人民检察院认为本级人民法院第一审的判决、裁定确有错误的时候，应向上一级人民法院提出抗诉。

不服判决的上诉和抗诉期限为十日，不服裁定的上诉和抗诉期限为五日，从接到判决书、裁定书的第二日起算。第二审人民法院受理上诉、抗诉案件，应当在二个月以内审结。对于可能判处死刑的案件或者附带民事诉讼的案件，以及刑事诉讼法第一百五十六条规定情形之一的，经省、自治区、直辖市高级人民法院批准或者决定，可以延长二个月；因特殊情况还需要延长的，报请最高人民法院批准。

3. 死刑复核程序

死刑复核程序是对死刑判决进行审查核准的一种特殊程序。死刑由最高人民法院核准。

中级人民法院判处死刑的第一审案件，被告人不上诉的，由高级人民法院复核后，报请最高人民法院核准。高级人民法院不同意判处死刑的，可以提审或发回重审。高级人民法院判处死

第七章 诉讼和非诉讼程序法律制度

刑的第一审案件，被告人不上诉的和判处死刑的第二审案件，都应报请最高人民法院核准。

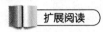

最高院收回死刑复核权

刑法第四十八条第二款规定："死刑除依法由最高人民法院判决的以外，都应当报请最高人民法院核准。死刑缓期执行的，可以由高级人民法院判决或者核准。"在以往的人民法院组织法的规定及司法实践中，死刑缓期执行由高级人民法院核准。2006年12月13日，最高人民法院审判委员会第1409次会议通过《最高人民法院关于统一行使死刑案件核准权有关问题的决定》，于2007年1月1日开始施行，将下放的死刑复核权收回。并在原来刑一庭，刑二庭的基础上增加三个死刑复核庭，负责全国死刑案件的复核工作。据最高人民法院法官透露，复核权收回后，约有四成死刑案件得不到核准。

在现阶段不可能废除死刑的情况下，把死刑复核权收归最高人民法院行使，有利于在全国范围统一死刑适用标准，有利于对判决死刑的人的权利进行救济，有利于最大限度地贯彻少杀慎杀的死刑政策。这既是尊重和保障人权的客观要求，也从制度上保证了死刑判决的慎重和公正，具有重大的意义。

4. 审判监督程序

当事人及其法定代理人、近亲属，对已经发生法律效力的判决、裁定，可以向人民法院或者人民检察院提出申诉，但不能停止判决、裁定的执行。最高人民检察院对各级人民法院已经发生法律效力的判决和裁定，如果发现确有错误，有权按照审判监督程序提出抗诉。

人民法院按照审判监督程序重新审判的案件，应当另行组成合议庭进行。如果原来是第一审案件，应当依照第一审程序进行审判，所作的判决、裁定，可以上诉、抗诉；如果原来是第二审案件，或者是上级人民法院提审的案件，应当依照第二审程序进行审判，所作的判决、裁定，是终审的判决、裁定。

（五）执行

人民法院执行死刑，同级人民检察院派员临场监督。执行死刑应当公布，不应示众。

对于被判处死刑缓期二年执行、无期徒刑、有期徒刑或者拘役的罪犯，应当由交付执行的人民法院将执行通知书、判决书送达监督或者其他劳动改造场所执行。

对于被判处徒刑缓刑的罪犯，由公安机关交所在单位或者基层组织予以考察。

对于被判处管制、剥夺政治权利的罪犯，由公安机关执行。

判处罚金、没收财产，由人民法院执行；在必要的时候，可以会同公安机关执行。

第四节　仲　裁

一、仲裁的概念

仲裁是当事人根据他们之间订立的仲裁协议，自愿将其争议提交由非官方身份的仲裁员组成的仲裁庭进行裁判，并受该裁判约束的一种制度。

平等主体的公民、法人和其他组织之间发生的合同纠纷和其他财产权益纠纷，可以仲裁。

二、仲裁的基本制度

（一）协议仲裁制度

当事人采用仲裁方式解决纠纷，应当双方自愿，达成仲裁协议。没有仲裁协议，一方申请仲裁的，仲裁委员会不予受理。

（二）或裁或审制度

或裁或审是尊重当事人选择解决争议途径的制度。当事人达成书面仲裁协议的，应当向仲裁机构申请仲裁，不能向法院起诉。人民法院也不受理有仲裁协议的起诉。

（三）一裁终局制度

仲裁裁决作出后，即产生法律效力，即使当事人对裁决不服，也不能就同一案件再次申请仲裁或向法院提出起诉。

三、仲裁委员会

（一）仲裁委员会的设立

仲裁委员会是常设性仲裁机构，可以在直辖市和省、自治区人民政府所在地的市设立，也可以根据需要在其他设区的市设立，不按行政区划层层设立。

仲裁委员会由市人民政府组织有关部门和商会统一组建。设立仲裁委员会，应当经省、自治区、直辖市的司法行政部门登记。

仲裁委员会应当具备下列条件：有自己的名称、住所和章程；有必要的财产；有该委员会的组成人员；有聘任的仲裁员。

（二）仲裁委员会的组成

仲裁委员会由主任一人、副主任二至四人和委员七至十一人组成。仲裁委员会的主任、副主任和委员由法律、经济贸易专家和有实际工作经验的人员担任。仲裁委员会的组成人员中，法律、经济贸易专家不得少于三分之二。

四、仲裁协议

（一）仲裁协议的概念

仲裁协议，是指双方当事人在自愿、协商、平等互利的基础之上将他们之间已经发生或者可能发生的争议提交仲裁解决的书面文件。

（二）仲裁协议的形式

仲裁协议包括合同中订立的仲裁条款和以其他书面方式在纠纷发生前或者纠纷发生后达成的请求仲裁的协议。

（三）仲裁协议的内容

仲裁协议应当具有下列内容：请求仲裁的意思表示；仲裁事项；选定的仲裁委员会。

仲裁协议对仲裁事项或者仲裁委员会没有约定或者约定不明确的，当事人可以达成补充协议；达不成补充协议的，仲裁协议无效。

以案释法 ㊱

约定不明，仲裁条款无效

【案情介绍】甲公司与乙公司于2005年5月签订了加工承揽合同，约定就本合同如有争议，双方协商不成，任何一方可以向地处北京市的仲裁委员会申请仲裁。2006年5月，乙公司一直未按约定付款，甲公司将其起诉至法院，请求判令乙公司偿还所欠工程款。乙公司提出，双方合同中订有仲裁条款，本案不应由法院管辖，应当由合同中约定的仲裁机构进行仲裁。法院审查后认定，两公司所订的仲裁条款无效，于是开庭审理了此案。

【以案释法】由于北京市不止一家仲裁委员会，因此两公司约定的"向地处北京市的仲裁委员会申请仲裁"属于约定不明确的仲裁条款，事后双方又未达成补充协议，因此该仲裁条款无效，法院具有管辖权。

五、仲裁程序

（一）仲裁的申请和受理

1. 申请

仲裁的申请是指当事人向仲裁委员会提出仲裁要求的行为。

申请仲裁应当符合下列条件：（1）有仲裁协议；（2）有具体的仲裁请求和事实、理由；（3）属于仲裁委员会的受理范围。

当事人申请仲裁，应当向仲裁委员会递交仲裁协议、仲裁申请书及副本。

2. 受理

受理是指仲裁委员会依法接受当事人申请的程序。

仲裁委员会收到仲裁申请书之日起5日内，认为符合受理条件的，应当受理，并通知当事人；认为不符合受理条件的，应当书面通知当事人不予受理，并说明理由。

（二）组织仲裁庭

仲裁委员会受理仲裁申请后，应当在仲裁规则规定的期限内将仲裁规则和仲裁员名册送达申请人和被申请人。申请人和被申请人各自在仲裁委员会仲裁员名册中指一名仲裁员，并由仲裁委员会主席指定一名仲裁员为首仲裁员，共同组成仲裁庭审理案件；双方当事人亦可在仲裁委员名册共同指定或委托仲裁委员会主席指定一名仲裁员为独任仲裁员，成立仲裁庭，单独审理案件。

（三）审理案件

仲裁庭审理案件的形式有两种：一是不开庭审理，这种审理一般是经当事人申请，或由仲裁庭征得双方当事人同意，只依据仲裁申请书、答辩书以及其他材料进行审理并作出裁决；二是开庭审理，这种审理按照仲裁规则的规定，采取不公开审理，如果双方当事人要求公开进行审理时，由仲裁庭作出决定。

（四）作出裁决

仲裁庭在作出裁决前，可以先行调解。当事人自愿调解的，仲裁庭应当调解。调解不成的，应当及时作出裁决。

裁决应当按照多数仲裁员的意见作出，少数仲裁员的不同意见可以记入笔录。仲裁庭不能形成多数意见时，裁决应当按照首席仲裁员的意见作出。

（五）仲裁裁决的执行

当事人对于仲裁裁决书，应依照其中所规定的时间自动履行，裁决书未规定期限的，应立即履行。一方当事人不履行的，另一方当事可以根据民事诉讼法规定，向法院申请执行。

 思考题

1. 民事诉讼的程序是怎样的？

2. 行政诉讼的受案范围有哪些？

3. 刑事诉讼的立案管辖是怎样的？

第八章 党内法规的学习宣传

党内法规是管党治党的重要依据，也是建设社会主义法治国家的有力保障。我们党历来高度重视党内法规建设。党的十八届四中全会提出，要加强党内法规制度建设，形成完善的党内法规体系。党的十八届六中全会再次要求，党的各级组织和领导干部必须在宪法法律范围内活动，决不能以言代法、以权压法、徇私枉法。习近平总书记强调，各级党委（党组）都要把党内法规建设作为事关党长期执政和国家长治久安的重大战略任务，摆到更加突出位置，切实抓紧抓好。《中央宣传部、司法部关于在公民中开展法治宣传教育的第七个五年规划（2016—2020年）》明确要求，将深入学习宣传党内法规作为"七五"普法宣传的一项重要任务，"注重党内法规宣传与国家法律宣传的衔接和协调，坚持纪在法前、纪严于法，把纪律和规矩挺在前面，教育引导广大党员做党章党规党纪和国家法律的自觉尊崇者、模范遵守者、坚定捍卫者。"

第一节 党内法规界说

一、党内法规的概念

党内法规又称"党规党法""党的法规"，2013年5月中共中央颁布的《中国共产党党内法规制定条例》明确规定，党内法规是党的中央组织以及中央纪委、中央各部门和省区市党委制定的规范党组织的工作、活动和党员行为的党内规章制度的总称。

归结起来，党内法规有三个基本特征：

一是特定性。党内法规不是党的所有组织都有权制定，只能由特定机关，即党的中央组织以及中央纪委、中央各部门和省、自治区、直辖市党委制定，党的省级以下组织无权制定。党的中央组织制定的党内法规，称为中央党内法规。按照党章规定，党的中央组织是指党的全国代表大会、全国代表会议、中央委员会、中央政治局及其常委会、中央军委。实践中，中央政治局、中央政治局常委会制定的中央党内法规较多。中央纪委制定的党内法规称为纪检条规，是维护党风党纪、开展反腐败工作的重要依据。中央各部门制定的党内法规，称为部门党内法规。中央各部门主要包括中央办公厅、中央组织部、中央宣传部、中央统战部、中央对外联络部、中央政法委、中央政研室、中央编办等，其中中央办公厅、中央组织部制定的部门党内法规较多。省区市党委制定的党内法规，称为地方党内法规。

二是普遍性。所谓普遍性，是指党内法规在党内具有普遍适用性和反复适用性。这意味着，党内人事任免、表彰决定、内部机构设置、机关内部工作制度和工作方案等个别适用的文件，工作要点、会议活动通知等较短时间段适用的文件，因不具有普遍适用性和反复适用性，不能称作党内法规。

三是规范性。所谓规范性，是指党内法规以党的纪律作保障，对党组织的工作、活动和党员行为具有强制性和约束力，引领、规范、保障党的建设。请示、报告、情况通报、工作总结等不具有规范性，不属于党内法规。

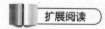 扩展阅读

党内法规与国家法律的区别

党内法规是一个容易与国家法律混同的概念。它和国家法律的共同点比较多：两者都带有"法"字，都是通过严格程序制定、具有强制性和约束力的行为规范；一些党内法规和国家法律联系密切、相互渗透；条件成熟时党内法规中的某些内容可以通过法定程序上升为国家法律。从根本上说，党内法规和国家法律是一致的，都是党的意志和人民意志的高度统一，都是党的基本理论、基本路线、基本纲领、基本经验、基本要求的具体体现，都是中国特色社会主义法治体系的重要组成部分。但两者的不同之处也比较明显：一是制定主体不同，党内法规由省级以上党组织制定，法律由国家立法机关制定；二是适用范围不同，党内法规适用于各级党组织和广大党员，法律适用于国家机关、社会组织和全体公民，适用范围更广；三是效力不同，党内法规制定必须遵守宪法和法律，其效力低于法律的效力；四是表现方式不同，党内法规的名称分为章程、准则、条例、规则、规定、办法、细则七类，法律主要包括宪法、法律、行政法规、地方性法规等；五是实施方式不同，党内法规依靠党的纪律约束实施，法律以国家强制力作保障；六是行为规范的要求不同，党内法规对党员的要求，通常比法律对普通公民和国家工作人员的要求更为严格。

二、党内法规的由来与发展

党内法规源自于马克思主义基本原理及其实践，是具有中国特色的概念，是中

国共产党的一个创造。

我们党是根据马克思主义建党学说的基本原理和列宁的建党原则建立的无产阶级政党。马克思主义认为，对于无产阶级政党来说，为了完成解放全人类、实现共产主义这一艰巨历史使命，需要有正确的路线、纲领、政策，需要把自己组织成为有统一意志、统一行动、统一纪律的高度集中的战斗集体，这就必须制定一个章程。列宁在领导俄共过程中，不仅重视党章的修改完善，而且根据形势任务需要领导制定了一系列党内法规和法规性决议。党的一大召开前，我国早期共产主义者就普遍认识到，建立党组织首先要有一个章程。1921年8月5日，中国共产党第一次全国代表大会通过《中国共产党第一个纲领》，共15条、700多字，这是党的历史上第一个具有党章性质的党内法规，宣告了中国共产党的诞生。1922年7月，党的二大通过的《中国共产党章程》，是中国共产党的第一个党章。

"党内法规"这个概念，是毛泽东同志首次提出的。1938年9月，毛泽东同志在党的六届六中全会上指出，鉴于张国焘严重破坏党内纪律的行为，为使党内关系走上正轨，除了重申个人服从组织、少数服从多数、下级服从上级、全党服从中央四项最重要的纪律外，"还须制定一种较为详细的党内法规，以统一各级领导机关的行动"。在这次会议上，刘少奇同志就起草关于中央委员会工作规则与纪律、各级党部工作与纪律、各级党委暂行组织机构三个决定，并作了《党规党法的报告》，这是党的领导人第一次使用"党规党法"的名称。

扩展阅读

党内法规的提出背景

抗战前后，党内出现两起严重破坏党的民主集中制原则的事件。一是1935年红军长征途中，张国焘不顾中央北上决定，擅自率部南下，宣布另立中央，公开分裂党、分裂红军，最后发展到叛党投降国民党。二是1937年王明受共产国际委派回国，在政治上推行右倾投降主义，组织上闹独立，擅自以中央名义发表宣言、声明，不尊重、不服从以毛泽东为核心的中央领导，造成党内思想上、组织上的混乱。为吸取这两起严重破坏党的民主集中制原则事件的教训，毛泽东在党的六届六中全会上首次提出"党内法规"这一概念。

新中国成立后，我们党根据加强自身建设的需要，比较重视党内法规制度建设。但从总体上说，新中国成立初期制定的党内法规数量较少，比较零散，没有形成相对完整的党内法规制度体系。1957年反右斗争严重扩大化后，党的指导思想出现"左"的偏差，党内法规建设基本上处于停滞状态。"文化大革命"期间，党内法规建设遭到严重破坏，进入了低潮期。

党的十一届三中全会是党内法规建设的重要转折点。在党的十一届三中全会上，邓小平同志第一次把党内法规与国家法律放在同等重要的地位，他强调："国要有国法，党要有党规党法。党章是最根本的党规党法。没有党规党法，国法就很难保障。"为医治"文化大革命"给党的建设造成的巨大创伤，使党内政治生活逐步正常化、规范化，1980年2月，党的十一届五中全会通过了《关于党内政治生活的若干准则》。

1987年10月，党的十三大召开，明确提出在新的历史条件下，要切实加强党的制度建设，走出一条"靠改革和制度建设"的新路子。1990年7月31日，中共中央颁布有党内"立法法"之称的《中国共产党党内法规制定程序暂行条例》，首次界定了"党内法规"概念，党内法规建设从此步入规范化轨道。

为反映党的制度建设的最新成果，1992年党的十四大修改《中国共产党章程》，首次确认了"党内法规"这一概念，这标志着"党内法规"概念得到了党的根本大法党章的正式确认。

2006年1月6日，胡锦涛同志在中央纪委六次全会上指出，要"加强以党章为核心的党内法规制度体系建设"，首次提出建设党内法规制度体系这一重大任务。此后，一系列具有里程碑意义的党内法规相继出台，配套法规建设取得显著进展，全方位、多层次、科学合理、系统配套的党内法规制度体系初步形成。2013年，中央先后发布《中国共产党党内法规制定条例》《中国共产党党内法规和规范性文件备案规定》《中共中央关于废止和宣布失效一批党内法规和规范性文件的决定》三个重要法规文件，全面加强党内法规工作，党内法规建设进入了新阶段。

党的十八大以来，以习近平同志为核心的党中央高度重视党内法规制度建设。他多次强调，要立体式、全方位推进制度体系建设，把权力关进制度的笼子里。2013年11月，中共中央颁布《中央党内法规制定工作五年规划纲要（2013—2017年）》，这是党的历史上第一个党内法规制定工作五年规划，提出建党100周年时全面建成内容科学、程序严密、配套完备、运行有效的党内法规制度体系，标志着党内法规建设进入体系化阶段。党的十八届六中全会审议通过了《关于新形势下党内政治生活的若干准则》和《中国共产党党内监督条例》，标志着党内法规制度建设取得新进展，从严治党迈开了新步伐。

党内法规从最初的党纲党章发展为比较完备的党内法规制度体系，从最初党的领导人的零散提法发展为党的历任领导人普遍采用、社会各界广泛认同的概念，反映了党艰难曲折、依法执政的历史进程，反映了党的领导方式和执政方式的重大转变，标志着我们党逐步走向成熟。

三、党内法规的分类

根据党内法规的调整对象，党内法规可分为以下八类：

（一）党章及相关法规

用以规范党的性质和宗旨、路线和纲领、指导思想和奋斗目标、组织原则和组织机构、党员基本义务和基本权利、党的纪律，以及衍生于党章、与党章相配套、直接保障党章实施，确定党的理论和路线方针政策、确立党内生活基本准则、规定党员基本行为规范、规范党内法规制定活动、规定党的标志象征等的法规，如《中国共产党章程》《关于党内政治生活的若干准则》《中国共产党党内法规制定条例》等。

（二）党的领导和党的工作方面法规

用以调整党在发挥总揽全局、协调各方的领导核心作用时，与人大、政府、政协、司法机关、人民团体、企业事业单位、军队等形成的领导与被领导关系，主要规定党的领导体制机制、领导方式，规范党组工作、纪律检查工作、组织工作、宣传工作、政法工作、统一战线工作、军队工作、群众工作等，为党更好地实施领导、执政治国提供重要制度保证，如《中国共产党党组工作条例（试行）》《中国共产党统一战线工作条例（试行）》等。

（三）思想建设方面法规

用以规范党的思想建设方面的工作和活动，主要包括规范思想建设、理论武装、党性教育、道德建设等的法规，如《中国共产党党校工作条例》《中共中央纪律检查委员会关于共产党员违反社会主义道德党纪处分的若干规定（试行）》等。

（四）组织建设方面法规

用以规范党的组织建设方面的工作和活动，主要包括规范党的组织制度、组织机构、干部队伍、党员队伍、人才工作等的法规，如《中国共产党地方组织选举工作条例》《党政领导干部选拔任用工作条例》《干部教育培训工作条例》等。

（五）作风建设方面法规

用以规范党的作风建设方面的工作和活动，主要包括规范思想作风、工作作风、领导作风、学风、干部生活作风等的法规，如《十八届中央政治局关于改进工作作风、密切联系群众的八项规定》《党政机关厉行节约反对浪费条例》等。

（六）反腐倡廉建设方面法规

用以规范党的反腐倡廉建设方面的工作和活动，主要包括规范反腐败领导体制机制、反腐倡廉教育、党内监督、预防腐败、惩治腐败等的法规，如《中国共产党廉洁自律准则》《中国共产党

纪律处分条例》《中国共产党党内监督条例（试行）》等。

（七）民主集中制建设方面法规

用以规范党的民主集中制建设方面的工作和活动，推动民主集中制具体化、程序化，主要包括规范党员民主权利保障、党的代表大会制度、党的委员会制度等的法规，如《中国共产党党员权利保障条例》《中国共产党地方委员会工作条例》等。

（八）机关工作方面法规

用以规范党的机关运行和服务保障体制机制，主要包括规范党的各级机关公文办理、会议活动服务、综合协调、信息报送、督促检查、法规服务、安全保密、通信保障、档案服务、机关事务管理等的法规，如《党政机关公文处理工作条例》《中国共产党党内法规和规范性文件备案规定》等。

以上八个方面的法规，共同构成党内法规体系。

扩展阅读

党内法规体系已初步形成

新中国成立以来特别是改革开放以来，适应不同历史时期党的建设需要，中央科学谋划、统筹布局，制定颁布了一系列党内法规，初步形成了以党章为核心的党内法规体系，党内生活主要方面基本实现了有规可依。截至目前，我们党制定了1个党章，2个准则，26个条例，约1800个规则、规定、办法、细则；其中，党的中央组织制定的党内法规140多个，中央纪委和中央各部门制定的党内法规约150个，地方制定的党内法规1500多个。

第二节　党章及相关法规

党章是我们党最重要的文献，是最根本的党内法规，是制定其他党内法规的基础和依据。党章相关法规根据党章的有关规定，确立党内政治生活的基本准则，明确党组织的组成和职权，是党内法规制度体系的"四梁八柱"。这里重点介绍党章、《关于新形势下党内政治生活的若干准则》和《中国共产党党内监督条例》。

一、党章

党章是党内根本大法，在党内法规制度体系中具有最高地位和最高效力。党的二大制定了中国共产党第一个党章，之后每一次党的全国代表大会都对党章进行修改，目前共有17个不同版本。现行党章是1982年9月党的十二大通过的，2017年10

月24日，党的十九大通过宪章修正案对其进行大范围修改。

党章共十一章五十五条，集中阐述了党的性质和宗旨、路线和纲领、指导思想和奋斗目标、中国特色社会主义事业总体布局和党的建设总体要求，规定了入党条件、党员义务和权利、党员发展和管理，规定了党的中央组织及其职权、地方组织及其职权，以及基层组织的范围、作用和基本任务，规定了党的各级领导干部的基本条件，并对党的纪律处分的种类、程序、原则，以及党的纪律检查机关的产生和领导体制等作了明确规定，是立党、管党、治党的总章程和总规矩。

党章规定党的性质和宗旨、路线和纲领、指导思想和奋斗目标，是一面公开树立的旗帜，是一扇对外展示形象的窗口；党章宣示党的理论基础和政治主张，规范党的领导和执政行为，保证了全党在思想上、政治上、组织上、作风上、行动上的一致，为全党统一思想、统一行动提供了根本准绳，为实现党的政治路线、现实目标和最终目标提供了基本保证；党章规定党内生活准则和各项纪律，是全面从严治党的根本依据；党章阐述党的基本知识，规定党员条件及其义务和权利，规定党的各级领导干部的基本条件，是对党员进行教育的最好教材。在90多年的奋斗历程中，我们党认真总结革命建设改革的成功经验，及时把党的实践创新、理论创新、制度创新的重要成果体现到党章中，使党章在推进党的事业、加强党的建设中发挥了重要指导作用。

二、党章修改

2017年10月24日，党的十九大通过的党章修正案，共修改107处，其中总纲部分修改58处，条文部分修改49处。十八大以来，以习近平同志为核心的党中央，顺应时代发展，从理论和实践结合上系统回答了新时代坚持和发展什么样的中国特色社会主义、怎样坚持和发展中国特色社会主义这个重大的时代课题，创立了习近平新时代中国特色社会主义思想。在习近平新时代中国特色社会主义思想指导下，中国共产党领导全国各族人民，统揽伟大斗争、伟大工程、伟大事业、伟大梦想，推动中国特色社会主义进入了新时代。此次党章修改的概要如下：

（一）习近平新时代中国特色社会主义思想写入党章

在党章中把习近平新时代中国特色社会主义思想同马克思列宁主义、毛泽东思想、邓小平理论、"三个代表"重要思想、科学发展观一道确立为党的行动指南。要求全党以习近平新时代中国特色社会主义思想统一思想和行动，增强学习贯彻的自觉性和坚定性，把习近平新时代中国特色社会主义思想贯彻到社会主义现代化建设全过程、体现到党的建设各方面。

（二）中国特色社会主义文化写入党章

把中国特色社会主义文化同中国特色社会主义道路、中国特色社会主义理论体系、中国特色社会主义制度一道写入党章，这有利于全党深化对中国特色社会主义的认识、全面把握中国特色社会主义内涵。强调全党同志要倍加珍惜、长期坚持和不断发展党历经艰辛开创的这条道路、这个理论体系、这个制度、这个文化，高举中国特色社会主义伟大旗帜，坚定道路自信、理论自信、制度自信、文化自信，贯彻党的基本理论、基本路线、基本方略。

（三）实现中华民族伟大复兴的中国梦写入党章

实现中华民族伟大复兴是近代以来中华民族最伟大的梦想，是我们党向人民、向历史作出的庄严承诺。在党章中明确实现"两个一百年"奋斗目标、实现中华民族伟大复兴的中国梦的宏伟目标。

（四）党章根据我国社会主要矛盾的转化作出相应修改

党的十九大作出的我国社会主要矛盾已经转化为人民日益增长的美好生活需要和不平衡不充分的发展之间的矛盾的重大政治论断，反映了我国社会发展的客观实际，是制定党和国家大政方针、长远战略的重要依据。党章据此作出相应修改，为我们把握我国发展新的历史方位和阶段性特征、更好推进党和国家事业提供了重要指引。

（五）推进国家治理体系和治理能力现代化写入党章

把促进国民经济更高质量、更有效率、更加公平、更可持续发展，完善和发展中国特色社会主义制度，推进国家治理体系和治理能力现代化，更加注重改革的系统性、整体性、协同性等内容写入党章，有利于推动全党把思想和行动统一到党中央科学判断和战略部署上来，树立和践行新发展理念，不断开创改革发展新局面。

（六）供给侧结构性改革、"绿水青山就是金山银山"写入党章

把发挥市场在资源配置中的决定性作用，更好发挥政府作用，推进供给侧结构性改革，建设中国特色社会主义法治体系，推进协商民主广泛、多层、制度化发展，培育和践行社会主义核心价值观，推动中华优秀传统文化创造性转化、创新性发展，继承革命文化，发展社会主义先进文化，提高国家文化软实力，牢牢掌握意识形态工作领导权，不断增强人民群众获得感，加强和创新社会治理，坚持总体国家安全观，增强绿水青山就是金山银山的意识等内容写入党章。

（七）人类命运共同体、"一带一路"写入党章

把中国共产党坚持对人民解放军和其他人民武装力量的绝对领导，贯彻习近平强军思想，坚持政治建军、改革强军、科技兴军、依法治军，建设一支听党指挥、能打胜仗、作风优良的人民军队，切实保证人民解放军有效履行新时代军队使命任务；铸牢中华民族共同体意识；坚持正确义利观，推动构建人类命运共同体，遵循共商共建共享原则，推进"一带一路"建设等内容写入党章。

（八）全面从严治党、四个意识写入党章

把党的十九大确立的坚持党要管党、全面从严治党，加强党的长期执政能力建设、先进性和纯洁性建设，以党的政治建设为统领，全面推进党的政治建设、思想建设、组织建设、作风建设、纪律建设，把制度建设贯穿其中，深入推进反腐败斗争等要求写入党章，把不断增强自我净化、自我完善、自我革新、自我提高能力，用习近平新时代中国特色社会主义思想统一思想、统一行动，牢固树立政治意识、大局意识、核心意识、看齐意识，坚定维护以习近平同志为核心的党中央权威和集中统一领导，加强和规范党内政治生活，增强党内政治生活的政治性、时代性、原则性、战斗性，发展积极健康的党内政治文化，营造风清气正的良好政治生态等内容写入党章，把坚持从严管党治党作为党的建设必须坚决实现的基本要求之一写入党章。

（九）"党是领导一切的"写入党章

中国共产党的领导是中国特色社会主义最本质的特征，是中国特色社会主义制度的最大优势。党政军民学，东西南北中，党是领导一切的。把这一重大政治原则写入党章，这有利于增强全党党的意识，实现全党思想上统一、政治上团结、行动上一致，提高党的创造力、凝聚力、战斗力，确保党总揽全局、协调各方，为做好党和国家各项工作提供根本政治保证。

（十）实现巡视全覆盖、推进"两学一做"写入党章

总结吸收党的十八大以来党的工作和党的建设的成功经验，并同总纲部分修改相衔接，对党章部分条文作适当修改十分必要。

实现巡视全覆盖，开展中央单位巡视、市县巡察，是巡视工作实践经验的总结，必须加以坚持和发展；推进"两学一做"学习教育常态化制度化；明确中央军事委员会实行主席负责制，明确中央军事委员会负责军队中党的工作和政治工作，反映了军队改革后的中央军委履行管党治党责任的现实需要，等等，是党的十八大以来党的工作和党的建设成果的集中反映。把这些内容写入党章，有利于全党把握党的指导思想与时俱进，用习近平新时代中国特色社会主义思想武装头脑、指导实践、推动工作，有利于强化基层党组织政治功能，推动全面从严治党向纵深发展。

扩展阅读

党章史上的第一次

1922年7月，党在二大通过的《中国共产党章程》，第一次提出反帝反封建的民主革命纲领。党的三大党章适应同国民党建立革命统一战线、要求提高党员素质的需要，第一次对党员的候补期作了规定。党的四大党章第一次称党的领导人为总书记。党的五大党章第一次规定民主集中制为指导原则，第一次规定中央政治局和中央政治局常委会的设置，第一次对入党年龄作了规定，第一次规定党的纪检监察机构监察委员会，第一次规定党组。党的六大党章第一次确立了退党制度。党的七大

党章第一次增写了总纲，第一次把毛泽东思想确立为党的指导思想，第一次设立中央书记处。党的十二大党章第一次对改革开放作出阐述，第一次确立社会主义初级阶段理论，第一次提出中国特色社会主义理论体系，第一次规定"党必须在宪法和法律的范围内活动"。党的十四大党章第一次将我国经济体制改革的目标确定为建立社会主义市场经济体制。党的十五大党章第一次把邓小平理论确立为全党指导思想。党的十六大党章第一次把"三个代表"重要思想写入党章，第一次规定其他社会阶层的先进分子可以入党，第一次写入依法治国，建设社会主义法治国家。党的十七大第一次写入中国特色社会主义事业总体布局。党的十八大第一次把科学发展观确立为党的指导思想。党章史上的第一次，反映了我们党革故鼎新、与时俱进的实践品格。

党章是党的总章程，集中体现了党的性质和宗旨、党的理论和路线方针政策、党的重要主张，规定了党的重要制度和体制机制，是全党必须共同遵守的根本行为规范。认真学习党章、严格遵守党章，是加强党的建设的一项基础性经常性工作，也是全党同志的应尽义务和庄严责任。全党同志都要全面了解和掌握党章的基本内容。要把党章学习教育作为经常性工作来抓，通过日常学习、专题培训等形式，组织党员学习党章。要把学习党章作为各级党校、干校培训党员领导干部的必备课程。要把检查学习和遵守党章情况作为组织生活会、民主生活会的重要内容。要严格遵守党章各项规定。全党要牢固树立党章意识，真正把党章作为加强党性修养的根本标准，作为指导党的工作、党内活动、党的建设的根本依据，把党章各项规定落实到行动上、落实到各项事业中。要加强对遵守党章、执行党章情况的督促检查，对党章意识不强、不按党章规定办事的要及时提醒，对严重违反党章规定的行为要坚决纠正。党员领导干部要做学习党章、遵守党章的模范。各级领导干部要把学习党章作为必修课，走上新的领导岗位的同志要把学习党章作为第一课，带头遵守党章各项规定。

二、关于新形势下党内政治生活的若干准则

2016年10月24日至27日在北京召开的党的十八届六中全会，有一项重要议题就是审议《关于新形势下党内政治生活的若干准则》。1980年2月召开的十一届五中全会上，我们党制定颁布了《党内政治生活的若干准则》。36年来，这部党内法规为严格党内生活提供了仅次于党章的重要依据。但由于一段时期以来，党内生活出现了一些新情况新问题，庸俗化、随意化、平淡化、搞"小圈子"、好人主义盛行等问题突出。为此，有必要制定新形势下的党内政治生活准则，为严肃认真开展党内政治

生活提供基本制度遵循。

《关于新形势下党内政治生活的若干准则》明确提出，1980年，党的十一届五中全会深刻总结历史经验特别是"文化大革命"的教训，制定了《关于党内政治生活的若干准则》，为拨乱反正、恢复和健全党内政治生活、推进党的建设发挥了重要作用，其主要原则和规定今天依然适用，要继续坚持。

新形势下，党内政治生活状况总体是好的。同时，一个时期以来，党内政治生活中也出现了一些突出问题，主要是：在一些党员、干部包括高级干部中，理想信念不坚定、对党不忠诚、纪律松弛、脱离群众、独断专行、弄虚作假、庸懒无为，个人主义、分散主义、自由主义、好人主义、宗派主义、山头主义、拜金主义不同程度存在，形式主义、官僚主义、享乐主义和奢靡之风问题突出，任人唯亲、跑官要官、买官卖官、拉票贿选现象屡禁不止，滥用权力、贪污受贿、腐化堕落、违法乱纪等现象滋生蔓延。特别是高级干部中极少数人政治野心膨胀、权欲熏心，搞阳奉阴违、结党营私、团团伙伙、拉帮结派、谋取权位等政治阴谋活动。这些问题，严重侵蚀党的思想道德基础，严重破坏党的团结和集中统一，严重损害党内政治生态和党的形象，严重影响党和人民事业发展。这就要求我们必须继续以改革创新精神加强党的建设，加强和规范党内政治生活，全面提高党的建设科学化水平。

《关于新形势下党内政治生活的若干准则》从坚定理想信念、坚持党的基本路线、坚决维护党中央权威、严明党的政治纪律、保持党同人民群众的血肉联系、坚持民主集中制原则、发扬党内民主和保障党员权利、坚持正确选人用人导向、严格党的组织生活制度、开展批评和自我批评、加强对权力运行的制约和监督、保持清正廉洁的政治本色等十二个方面，进一步明确规范了党内政治生活准则。

《关于新形势下党内政治生活的若干准则》明确提出，加强和规范党内政治生活，要从中央委员会、中央政治局、中央政治局常务委员会做起。高级干部要清醒认识自己岗位对党和国家的特殊重要性，职位越高越要自觉按照党提出的标准严格要求自己，越要做到党性坚强、党纪严明，做到对党始终忠诚、永不叛党。制定高级干部贯彻落实本准则的实施意见，指导和督促高级干部在遵守和执行党内政治生活准则上作全党表率。全面从严治党永远在路上。全党要坚持不懈努力，共同营造风清气正的政治生态，确保党始终成为中国特色社会主义事业的坚强领导核心。

三、中国共产党党内监督条例

审议通过《中国共产党党内监督条例》是党的十八届六中全会的又一项重要议题。《中国共产党党内监督条例（试行）》最初颁布于2003年12月。条例颁布施行以来，对加强党内监督、维护党的团结统一发挥了积极作用。但是，随着依法治国、从严治党的不断深入，原条例中的监督主体比较分散、监督责任不够明确、监督制度操作性和实效性不强等，与新形势新要求不相适应的问题显现出来。迫切需要对条例进行修订，通过明确责任、完善制度，把党内监督严起来、实起来，把党组织的凝聚力、战斗力焕发出来，切实推动管党治党由宽松软走向严实硬。修订后的《中国共产党党内监督条例（试行）》共5章，即总则、监督职责、监督制度、监督保障、附则，共47条。新修订的党内监督条例，明确了党内监督的一系列重大问题，"一把手"成为党内监督重点、党内监督将各负其责、党内监督七大重点内容、党内监督与党外监督相结合、重视发展党内民主、禁止被监督者打击报复监督者、询问和质询成为新的党内监督制度、可以要求罢免或撤换不称职干部、舆论监督制度化、谈话诫勉制度化、巡视制度化、党员署名检举违纪违法问题规范化、民主生活会规范化、述职述廉制度化、重要情况通报和报告制度化等，既是条例修订完善的重要内容，也是条例修订工作的突出亮点。

条例修订后的颁布实施，对于坚持党要管党、从严治党的方针，发展党内民主，加强党内监督，维护党的团结统一，保持党的先进性，始终做到立党为公、执政为民，必将起到重大的促进作用。

第三节　党的组织建设法规

建党90多年来，党的组织工作适应不同历史时期的形势任务，不断总结经验教训，并以制度形式固定下来，形成了以党章为根本，以干部工作、组织建设、人才工作和组织部门自身建设法规制度为主要内容的组织工作法规制度体系，为组织工作创新发展提供了重要制度保障。改革开放以来制定发布的组织工作法规文件有很多，这里重点介绍《党政领导干部选拔任用工作条例》。

治国之要，首在用人。我们党历来高度重视选贤任能，始终把选人用人作为关系党和人民事业的关键性、根本性问题来抓。习近平总书记多次强调，好干部要做到信念坚定、为民服务、勤政务实、敢于担当、清正廉洁（简称好干部"20字"标准）。

把好干部选好用好，需要科学有效的用人机制。2002年7月中共中央颁布《党政领导干部选拔任用工作条例》，在规范干部选任工作、建立健全科学的选拔任用机制、防止和纠正选人用人上不正之风等方面，发挥了重要作用。但随着干部工作形势任务和干部队伍状况的变化，条例已不能完全适应新的要求。主要表现在以下三方面：一是中央对干部工作提出了新要求。党的十八大以来，以习近平同志为核心的党中央对干部工作的指导思想、目标任务、基本原则等提出了一系列新思想新要求，标志着党对干部工作规律的认识达到了新的高度。这些新思想新要求需要通过条例的修订转化为具体制度规定。二是干部选拔任用工作中出现了一些新情况新问题，如民主质量不高、评价使用干部唯GDP、唯票、唯分、唯年龄等问题突出，公开选拔和竞争上岗、破格提拔等亟需从制度层面加以改进。三是干部人事制度改革积累了新经验，干部政策有新变化新调整，这些也需要对条例进行修订。2014年1月，中共中央印发了修订后的条例。

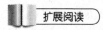 扩展阅读

"最年轻代县长"风波

2011年8月，河北省某市公布了一份所属19个区县（市）的人事调整名单。时年29岁的闫某拟提拔为某县委副书记、代县长。"80后代县长"迅速成为舆论焦点，各种爆料层出不穷，传播最多的版本称闫某出自官员世家，近亲中有两个厅级高官、三个县级领导、不少科级干部。此后有网友发现，在县政府网站上找不到闫某的相关信息。"县长的简历是机密，不便对外公开。"该县政府一名工作人员在回应外界质疑时的这句话引起轩然大波，更多媒体加入到对闫某的"围观"队伍。直到9月21日下午，该县政府网站才挂出闫某的简历。简历显示，从1999年9月闫某参加工作开始算起，12年间其职位共变迁9次。网友们对闫某21岁提为副科级干部并在三四年间频繁转岗乃至受到重用的原因感到不解，对其家庭背景更加好奇。12月26日，闫某在巨大的舆论压力下提出辞职。闫某的辞呈很快得到批复。

《共产党领导干部选拔任用工作条例》共十三章、七十一条，对党政领导干部选拔任用工作作了全方位规定。一是确立了干部选拔任用工作的指导思想、基本原则、基本要求、适用范围，鲜明地将好干部"20字"标准写入总则，将其作为干部选拔任用工作的重要遵循；坚持党管干部原则，在原则标准和程序方法等多方面强调党组织的领导和把关作用。二是明确了党政领导干部应当具备的基本条件和任职资格，规定了提出启动干部选拔任用工作的权限。三是规定了民主推荐的方式、程序和范围，考察的条件、内容和程序，以及讨论决定和任职程序。在合理定位和改进方法的基础上，强调根据知情度、关联度和代表性原则合理确定参加民主推荐的人员范围，着力提高民意表达的真实性，减少民主推荐的失真失实；强调加强对政治品质和道德品行、科学发展实绩、作风表现、廉政情况的考察，防止简单以GDP评价政绩。四是规范公开选拔和竞争上岗。合理确定范围、严格资格条件的设置、加强组织把关，坚持实践标准，突出实绩竞争，防止简单以分数取人。五是从严规范破格提拔。规定特别优秀或者工作特殊需要的干部才可以破格提拔，强调破格不能降低干部标准，不能破基本条件，不能破有关法律、章程规定的资格，并规定破格提拔干部在讨论决定前，必须报经上级组织人事部门同意。六是严明选拔纪律，严肃责任追究，对党组织、领导干部和选拔对象都提出了严格要求。

新修订条例体现了中央有关干部工作的新精神新要求，吸收了干部人事制度改革的新经验新成果，改进了干部选拔任用制度，是新时期做好领导干部选拔任用工作的基本遵循，也是从源头上预防和治理选人用人不正之风的有力武器。条例的颁布实施，对于把新时期好干部标准落实到干部选拔任用工作中去，建立健全科学的干部选拔任用机制和监督管理机制，解决干部工作中的突出问题，建设高素质的党政领导干部队伍，保证党的路线方针政策全面贯彻执行和中国特色社会主义事业顺利进行，具有十分重要的意义。

各级党委（党组）及其组织（人事）部门一定要认真学习、大力宣传、严格执行新修订的条例。党政主要领导同志要增强政治纪律、组织人事纪律观念，带头遵守条例，规范行使选人用人权。组织（人事）部门要坚持公道正派、依规办事，把好选人用人关。要坚持党管干部原则，完善干部选拔任用方法，发挥党组织在干部选拔任用工作中的领导和把关作用。要坚持干部工作的群众路线，坚持群众公认，充分发扬民主，改进民主推荐和民主测评，提高干部工作民主质量，防止简单以票取人、以分取人。要全面准确贯彻民主、公开、竞争、择优方针，完善公开选拔、竞争上岗等竞争性选拔方式，进一步推进干部人事制度改革，努力做到选贤任能、用当其时，知人善任、人尽其才，把好干部及时发现出来、合理使用起来。

第四节　党的作风建设法规

党的作风关系党的生死存亡。健全的制度是党风建设的基本保证。我们党历来高度重视作风制度建设。改革开放以来，中央出台了20多件作风建设方面的党内法规，中央纪委、中央各部门印发了一批配套党内法规。这里重点介绍中央八项规定。

一个政党，一个政权，其前途和命运最终取决于人心向背。党群关系的密切程度，始终都是党的执政能力强弱的根本指标。历史经验表明，如果一个政党脱离它所代表的民众，就会失去执政根基，就会在历史的拐点上为人民所抛弃。所以说脱离群众是我们党执政后的最大危险。在新形势下，党所处历史方位和执政条件、党员队伍组成结构都发生了重大变化，党面临的执政考验、改革开放考验、市场经济考验、外部环境考验和精神懈怠风险、能力不足风险、脱离群众风险、消极腐败风险是长期的、复杂的、严峻的。处理好党同人民群众的关系、始终保持密切联系群众的作风，是我们党长期执政面临的重大课题。

2012年12月4日，习近平总书记主持召开中央政治局会议，审议通过了《十八届中央政治局关于改进工作作风、密切联系群众的八项规定》。规定要求：

一要改进调查研究，到基层调研要深入了解真实情况，总结经验、研究问题、解决困难、指导工作，向群众学习、向实践学习，多同群众座谈、多同干部谈心、多商量讨论、多解剖典型，多到困难和矛盾集中、群众意见多的地方去，切忌走过场、搞形式主义；要轻车简从、减少陪同、简化接待，不张贴悬挂标语横幅，不安排群众迎送，不铺设迎宾地毯，不摆放花草，不安排宴请。

二要精简会议活动，切实改进会风，严格控制以中央名义召开的各类全国性会议和举行的重大活动，不开泛泛部署工作和提要求的会，未经中央批准一律不出席各类剪彩、奠基活动和庆祝会、纪念会、表彰会、博览会、研讨会及各类论坛；提高会议实效，开短会、讲短话，力戒空话、套话。

三要精简文件简报，切实改进文风，没有实质内容、可发可不发的文件、简报一律不发。

四要规范出访活动，从外交工作大局需要出发合理安排出访活动，严格控制出访随行人员，严格按照规定乘坐交通工具，一般不安排中资机构、华侨华人、留学生代表等到机场迎送。

五要改进警卫工作，坚持有利于联系群众的原则，减少交通管制，一般情况下不得封路、不清场闭馆。

六要改进新闻报道，中央政治局同志出席会议和活动应根据工作需要、新闻价值、社会效果决定是否报道，进一步压缩报道的数量、字数、时长。

七要严格文稿发表，除中央统一安排外，个人不公开出版著作、讲话单行本，不发贺信、贺电，不题词、题字。

八要厉行勤俭节约，严格遵守廉洁从政有关规定，严格执行住房、车辆配备等有关工作和生活待遇的规定。

好作风是我们党长期探索形成的根本工作方法，是我们党最大的政治优势和执政资源。八项规定充分体现了党中央带头改进作风的坚定决心，体现了从严治党的要求，体现了对人民期待的尊重和回应，是党中央应对执政风险的战略思考，是新一届中央领导集体的庄严政治承诺，是聚党心得民心的重大举措，是对党的各级领导干部提出的政治要求。

扩展阅读

八项规定改变中国

八项规定是党的十八大后全面从严治党的第一个举措。三年来，中央率先垂范、以上率下，各地区各部门积极响应、全面跟进，党风政风民风发生了根本改变。

——政府官员出门自己开车、晚上回家吃饭，已经逐渐成为常态。人们切身感受到了"三公消费"大减，"舌尖浪费"被遏制，"会所歪风"停刮。

——从2013年起，每逢春节、中秋节、教师节等节假日，中央都专门出台文件，严刹送礼之风。浙江省义乌市某地是挂历集散地。2013年前，每年都有全国各地的党政机关、企事业单位人员到此采购挂历，少则几千份，多则几万份。2013年中央纪委发出《关于严禁公款购买印制寄送贺年卡等物品的通知》后，所有公家人都"爽约"了，经营挂历的企业多多少少都赔了钱。

——中央纪委网站每月更新一次月报，从未间断。截至2015年10月31日，全国累计查处违反八项规定问题104934起，处理人数138867人，其中55289人受到党纪政纪处分。在被处理的干部中，省部级7人，地厅级678人，县处级7389人，乡科级130793人。黑龙江省副省级干部付某因私公款消费，大量饮酒并造成陪酒人员一死一伤的严重后果，被处以留党察看一年处分，由副省级降为正局级。

——社会风气有了很大改观。久治不下的高价烟酒、高价月饼、高价花卉、高价宴请、高价娱乐，突然间销声匿迹。

贯彻八项规定这三年，是党风廉政建设取得显著成效的三年，是取信于民、赢得民心的三年，是重树党的威信、重塑党的形象的三年，是深刻改变中国面貌的三年。

八项规定的颁布实施，向全党发出了转变工作作风改进党风政风的号召。各级党政机关和领导干部要认真学习领会八项规定的深刻内涵和重大意义，增强宗旨意识、忧患意识和使命意识，坚持以人为本、执政为民，带头改进工作作风，带头深入基层调查研究，带头密切联系群众，带头解决实际问题，始终把人民放在心中最高位置，始终保持共产党人清正廉洁的政治本色。

第五节　党的反腐倡廉建设法规

腐败是侵蚀党的肌体的毒瘤。保持党的先进性纯洁性，必须坚决惩治和有效预防腐败。制度建设是反腐倡廉建设的治本之策。我们党历来高度重视反腐倡廉制度建设，制定发布了一大批反腐倡廉建设法规，教育、监督、改革、纠风、惩治等反腐倡廉建设各个方面基本实现了有规可依，反腐倡廉法规制度体系已基本形成。据统计，改革开放以来，中央制定发布了20多件反腐倡廉建设方面的党内法规，同时中央纪委印发了130多件配套法规制度。这里重

点介绍《中国共产党廉洁自律准则》《中国共产党纪律处分条例》。

一、中国共产党廉洁自律准则

办好中国的事情，关键在党。我们党是靠革命理想和铁的纪律组织起来的马克思主义政党，组织严密、纪律严明是党的优良传统和政治优势，是我们党的力量所在。全面从严治党，必然要求全体党员特别是党员领导干部坚定理想信念，坚持根本宗旨，发扬优良作风，始终走在时代前列，始终成为中国特色社会主义事业的坚强领导核心。

2001年中共中央印发的《中国共产党党员领导干部廉洁从政若干准则》，对于促进党员领导干部廉洁从政，保持党的先进性纯洁性发挥了重要作用。党的十八大以来，随着全面从严治党实践的不断深化，准则已不能完全适应新的实践需要。主要表现在：一是适用对象过窄，仅对党员领导干部提出要求，未能涵盖8700多万党员；二是缺少正面倡导，许多条款与修订前的党纪处分条例和国家法律重复；三是廉洁主题不够突出，一些内容与廉洁主题无直接关联。鉴于以上原因，有必要对准则予以修订。2015年10月18日，中共中央印发了新修订的《中国共产党廉洁自律准则》。准则共八条，包括导语、党员廉洁自律规范和党员领导干部廉洁自律规范三部分。主要内容源自于党章和党的几代领导人特别是习近平总书记的重要论述，可以概括为"四个必须""八条规范"。准则在导语部分提出"四个必须"，体现了准则的制定目的和目标要求，即全体党员和各级党员领导干部必须坚定共产主义理想和中国特色社会主义信念，必须坚持全心全意为人民服务根本宗旨，必须继承发扬党的优良传统和作风，必须自觉培养高尚道德情操，努力弘扬中华民族传统美德，廉洁自律，接受监督，永葆党的先进性和纯洁性。在党员廉洁自律规范部分，准则围绕如何正确对待和处理"公与私""廉与腐""俭与奢""苦与乐"的关系提出"四条规范"，即坚持公私分明，先公后私，克己奉公；坚持崇廉拒腐，清白做人，干净做事；坚持尚俭戒奢，艰苦朴素，勤俭节约；坚持吃苦在前，享受在后，甘于奉献。在党员领导干部廉洁自律规范部分，针对党员领导干部这个"关键少数"，围绕廉洁从政，准则从公仆本色、行使权力、品行操守、良好家风等方面，对党员领导干部提出要求更高的"四条规范"，即廉洁从政，自觉保持人民公仆本色；廉洁用权，自觉维护人民根本利益；廉洁修身，自觉提升思想道德境界；廉洁齐家，自觉带头树立良好家风。

任何一个社会、任何一个公民不能都踩到法律的底线上，党员更不能站在纪律的边缘。准则以党章作为根本遵循，坚持依规治党与以德治党相结合，针对现阶段党员和党员领导干部在廉洁自律方面存在的主要问题，为党员和党员领导干部树立了一个看得见、够得着的高标准，展现了共产党人高尚道德追求，体现了古今中外道德规范从高不从低的共性要求。

修订后的廉洁自律准则，是党执政以来第一个坚持正面倡导、面向全体党员的廉洁自律规范，是向全体党员发出的道德宣示和对全国人民的庄严承诺。各级党组织要切实担当和落实好全面从严治党的主体责任，抓好准则的学习宣传和贯彻落实，把各项要求刻印在全体党员特别是党员领导干部的心上。各级党员领导干部要发挥表率作用，以更高更严的要求，带头践行廉洁自律规范。广大党员要加强党性修养，保持和发扬党的优良传统作风，使廉洁自律规范内化于心、外化于行，坚持理想信念宗旨"高线"，永葆共产党人清正廉洁的政治本色。

二、中国共产党纪律处分条例

坚持党要管党、从严治党，是实现"两个一百年"奋斗目标和中华民族伟大复兴中国梦的根本保证。全面从严治党，必须围绕坚持党的领导这个根本，注重依规依纪治党，切实加强党的纪律建设。

原党纪处分条例是在1997年《中国共产党纪律处分条例（试行）》基础上修订而成的，2003年12月颁布实施，对维护党章和其他党内法规，严肃党的纪律等发挥了重要作用。随着党的建设深入推进，条例也呈现一些不相适应的地方：一是对违反党章、损害党章权威的违纪行为缺乏必要和严肃的责任追究；二是纪法不分，近半数条款与刑法等国家法律规定重复，将适用于全体公民的法律规范作为党组织和党员的纪律标准，降低了对党组织和党员的要求；三是有必要将党的十八大以来从严治党的实践成果制度化，将严明政治纪律和政治规矩、组织纪律，落实中央八项规定精神，反对"四风"等内容吸收进条例。为把党规党纪的权威性在全党树起来、立起来，切实唤醒广大党员干部的党章党规党纪意识，有必要对党纪处分条例进行修订。2015年10月18日，中共中央颁布了新修订的《中国共产党纪律处分条例》。

修订后的条例共三编、十一章、一百三十三条，分总则、分则、附则三部分。主要内容有以下五方面：一是对条例的指导思想、基本原则和适用范围作出规定，增加了党组织和党员必须自觉遵守党章，模范遵守国家法律法规的规定；二是对违纪概念、纪律处分种类及其影响等作出规定，将严重警告的影响期由原来的一年修改为一年半；三是对纪律处分运用规则作出规定，将在纪律集中整饬过程中不收敛、不收手列为从重或者加重处分的情形；四是对涉嫌违法犯罪党员的纪律处分作出规定，实现党纪与国法的有效衔接；五是将原条例规定的十类违纪行为整合修订为六类，分别为：对违反政治纪律行为的处分、对违反组织纪律行为的处分、对违反廉洁纪律行为的处分、对违反群众纪律行为的处分、对违反工作纪律行为的处分、对违反生活纪律行为的处分。在这6种违纪行为的规定中，增加了拉帮结派、对抗组织审查、组织或者参加迷信活动、搞无原则一团和气以及违反党的优良传统和工作惯例等党的规矩的违纪条款；不按照有关规定或者工作要求向组织请示报告重大问题，不如实报告个人有关事项，篡改、伪造个人档案资料，隐瞒入党前严重错误等违纪条款；搞权权交易，对亲属和身边工作人员管教不力，赠送明显超出正常礼尚往来的礼品、礼金、消费卡，违规出入私人会所，搞权色交易和钱色交易等违纪条款；超标准、超范围向群众筹资筹劳，在办理涉及群众事务时故意刁难、吃拿卡要等侵害群众利益的违纪条款；党组织不履行全面从严治党主体责任，违规干预和插手市场经济活动，违规干预和插手司法活动、执纪执法活动等违纪条款；生活奢靡，违背社会公序良俗等违纪条款。

条例贯彻党的十八大和十八届三中、四中全会精神，坚持依规治党与以德治党相结合，围绕党纪戒尺要求，开列负面清单，重在立规，是对党章规定的具体化，划出了党组织和党员不可触碰的底线，对于贯彻全面从严治党要求，把纪律和规矩挺在前面，切实维护党章和其他党内法规的权威性严肃性，保证党的路线方针政策和国家法律法规的贯彻执行，深入推进党风廉政建设和反腐败斗争，具有十分重要的意义。

各级党委（党组）要按照中央要求，切实担当和落实好全面从严治党的主体责任，认真贯彻执行党纪处分条例，严明党纪戒尺，把党的纪律刻印在全体党员特别是党员领导干部的心上。要坚持问题导向，把严守政治纪律和政治规矩放在首位，通过严肃政治纪律和政治规矩带动其他纪律严起来。要坚持把纪律和规矩挺在前面，落实抓早抓小，绝不允许突破纪律底线。党员领导干部要以身作则，敢于担当、敢于较真、敢于斗争，确保把党章党规党纪落实到位。广大党员要牢固树立党章党规党纪意识，做到讲规矩、守纪律，知敬畏、存戒惧，自觉在廉洁自律上追求高标准，在严守党纪上远离违纪红线，在全党逐渐形成尊崇制度、遵守制度、捍卫制度的良好风尚。

思考题

1. 什么是党内法规？

2. 《关于党内政治生活的若干准则》是哪一年颁布的？

3. 制定颁布《关于新形势下党内政治生活的若干准则》的重大意义是什么？

4. 《中国共产党党内监督条例》主要包括哪些内容？

5. 八项规定是什么时间提出的？

6. 《中国共产党纪律处分条例》主要包括几方面内容？

附录

中共中央 国务院转发《中央宣传部、司法部关于在公民中开展法治宣传教育的第七个五年规划（2016—2020年）》的通知

各省、自治区、直辖市党委和人民政府，中央和国家机关各部委，解放军各大单位、中央军委机关各部门，各人民团体：

《中央宣传部、司法部关于在公民中开展法治宣传教育的第七个五年规划（2016—2020年）》（以下简称"七五"普法规划）已经中央同意，现转发给你们，请结合实际认真贯彻执行。

全民普法和守法是依法治国的长期基础性工作。深入开展法治宣传教育，是贯彻落实党的十八大和十八届三中、四中、五中全会精神的重要任务，是实施"十三五"规划、全面建成小康社会的重要保障。各级党委和政府要把法治宣传教育纳入当地经济社会发展规划，进一步健全完善党委领导、人大监督、政府实施的法治宣传教育工作领导体制，确保"七五"普法规划各项目标任务落到实处。要坚持把领导干部带头学法、模范守法作为树立法治意识的关键，完善国家工作人员学法用法制度，把法治观念强不强、法治素养好不好作为衡量干部德才的重要标准，把能不能遵守法律、依法办事作为考察干部的重要内容，切实提高领导干部运用法治思维和法治方式深化改革、推动发展、化解矛盾、维护稳定的能力。坚持从青少年抓起，把法治教育纳入国民教育体系，引导青少年从小掌握法律知识、树立法治意识、养成守法习惯。要坚持法治宣传教育与法治实践相结合，深化基层组织和部门、行业依法治理，深化法治城市、法治县（市、区）等法治创建活动，全面提高全社会法治化治理水平。要推进法治教育与道德教育相结合，促进实现法律和道德相辅相成、法治和德治相得益彰。要健全普法宣传教育机制，实行国家机关"谁执法谁普法"的普法责任制，健全媒体公益普法制度，推进法治宣传教育工作创新，不断增强法治宣传教育的实效。要通过深入开展法治宣传教育，传播法律知识，弘扬法治精神，建设法治文化，充分发挥法治宣传教育在全面依法治国中的基础作用，推动全社会树立法治意识，为顺利实施"十三五"规划、全面建成小康社会营造良好的法治环境。

中共中央 国务院
2016年3月25日

中央宣传部、司法部关于
在公民中开展法治宣传教育的第七个
五年规划（2016—2020年）

在党中央、国务院正确领导下，全国第六个五年法制宣传教育规划（2011—2015年）顺利实施完成，法治宣传育工作取得显著成效。以宪法为核心的中国特色社会主义法律体系得到深入宣传，法治宣传教育主题活动广泛开展，多层次多领域依法治理不断深化，法治创建活动全面推进，全社会法治观念明显增强，社会治理法治化水平明显提高，法治宣传教育在建设社会主义法治国家中发挥了重要作用。

党的十八大以来，以习近平同志为总书记的党中央对全面依法治国作出了重要部署，对法治宣传教育提出了新的更高要求，明确了法治宣传教育的基本定位、重大任务和重要措施。十八届三中全会要求"健全社会普法教育机制"；十八届四中全会要求"坚持把全民普法和守法作为依法治国的长期基础性工作，深入开展法治宣传教育"；十八届五中全会要求"弘扬社会主义法治精神，增强全社会特别是公职人员尊法学法守法用法观念，在全社会形成良好法治氛围和法治习惯"。习近平总书记多次强调"领导干部要做尊法学法守法用法的模范"，要求法治宣传教育"要创新宣传形式，注重宣传实效"，为法治宣传教育工作指明了方向，提供了基本遵循。与新形势新任务的要求相比，有的地方和部门对法治宣传教育重要性的认识还不到位，普法宣传教育机制还不够健全，实效性有待进一步增强。深入开展法治宣传教育，增强全民法治观念，对于服务协调推进"四个全面"战略布局和"十三五"时期经济社会发展，具有十分重要的意义。为做好第七个五年法治宣传教育工作，制定本规划。

一、指导思想、主要目标和工作原则

第七个五年法治宣传教育工作的指导思想是：高举中国特色社会主义伟大旗帜，全面贯彻党的十八大和十八届三中、四中、五中全会精神，以马克思列宁主义、毛泽东思想、邓小平理论、"三个代表"重要思想、科学发展观为指导，深入贯彻习近平总书记系列重要讲话精神，坚持"四个全面"战略布局，坚持创新、协调、绿色、开放、共享的发展理念，按照全面依法治国新要求，深入开展法治宣传教育，扎实推进依法治理和法治创建，弘扬社会主义法治精神，建设社会主义法治文化，推进法治宣传教育与法治实践相结合，健全普法宣传教育机制，推动工作创新，充分发挥法治宣传教育在全面依法治国中的基础作用，推动全社会树立法治意识，为"十三五"时期经济社会发展营造良好法治环境，为实现"两个一百年"奋斗目标和中华民族伟大复兴的中国梦作出新的贡献。

第七个五年法治宣传教育工作的主要目标是：普法宣传教育机制进一步健全，法治宣传教育实效性进一步增强，依法治理进一步深化，全民法治观念和全体党员党章党规意识明显增强，全社会厉行法治的积极性和主动性明显提高，形成守法光荣、违法可耻的社会氛围。

第七个五年法治宣传教育工作应遵循以下原则：

——坚持围绕中心，服务大局。围绕党和国家中心工作开展法治宣传教育，更好地服务协调推进"四个全面"战略布局，为全面实施国民经济和社会发展"十三五"规划营造良好法治环境。

——坚持依靠群众，服务群众。以满足群众不断增长的法治需求为出发点和落脚点，以群众喜闻乐见、易于接受的方式开展法治宣传教育，增强全社会尊法学法守法用法意识，使国家法律和党内法规为党员群众所掌握、所遵守、所运用。

——坚持学用结合，普治并举。坚持法治宣传教育与依法治理有机结合，把法治宣传教育融入立法、执法、司法、法律服务和党内法规建设活动中，引导党员群众在法治实践中自觉学习、运用国家法律和党内法规，提升法治素养。

——坚持分类指导，突出重点。根据不同地区、部门、行业及不同对象的实际和特点，分类实施法治宣传教育。突出抓好重点对象，带动和促进全民普法。

——坚持创新发展，注重实效。总结经验，把握规律，推动法治宣传教育工作理念、机制、载体和方式方法创新，不断提高法治宣传教育的针对性和时效性，力戒形式主义。

二、主要任务

（一）深入学习宣传习近平总书记关于全面依法治国的重要论述。党的十八大以来，习近平总书记站在坚持和发展中国特色社会主义全局的高度，对全面依法治国作了重要论述，提出了一系列新思想、新观点、新论断、新要求，深刻回答了建设社会主义法治国家的重大理论和实践问题，为全面依法治国提供了科学理论指导和行动指南。要深入学习宣传习近平总书记关于全面依法治国的重要论述，增强走中国特色社会主义道路的自觉性和坚定性，增强全社会厉行法治的积极性和主动性。深入学习宣传以习近平同志为总书记的党中央关于全面依法治国的重要部署，宣传科学立法、严格执法、公正司法、全民守法和党内法规建设的生动实践，使全社会了解和掌握全面依法治国的重大意义和总体要求，更好地发挥法治的引领和规范作用。

（二）突出学习宣传宪法。坚持把学习宣传宪法摆在首要位置，在全社会普遍开展宪法教育，弘扬宪法精神，树立宪法权威。深入宣传依宪治国、依宪执政等理念，宣传党的领导是宪法实施的最根本保证，宣传宪法确立的国家根本制度、根本任务和我国的国体、政体，宣传公民的基本权利和义务等宪法基本内容，宣传宪法的实施，实行宪法宣誓制度，认真组织好"12·4"国家宪法日集中宣传活动，推动宪法家喻户晓、深入人心，提高全体公民特别是各级领导干部和国家机关工作人员的宪法意识，教育引导一切组织和个人都必须以宪法为根本活动准则，增强宪法观念，坚决维护宪法尊严。

（三）深入宣传中国特色社会主义法律体系。坚持把宣传以宪法为核心的中国特色社会主义法律体系作为法治宣传教育的基本任务，大力宣传宪法相关法、民法商法、行政法、经济法、社会法、刑法、诉讼与非诉讼程序法等多个法律部门的法律法规。大力宣传社会主义民主政治建设的法律法规，提高人民有序参与民主政治的意识和水平。大力宣传保障公民基本权利的法律法规，推动全社会树立尊重和保障人权意识，促进公民权利保障法治化。大力宣传依法行政领域的法律法规，推动各级行政机关树立"法定职责必须为、法无授权不可为"的意识，促进法治政府建设。大力宣传市场经济领域的法律法规，推动全社会树立保护产权、平等交换、公平竞争、诚实信用等意识，促进大众创业、万众创新，促进经济在新常态下平稳健康运行。大力宣传有利于激发文化创造活力、保障人民基本文化权益的相关法律法规，促进社会主义精神文明建设。大力宣传教育、就业、收入分配、社会保障、医疗卫生、食品安全、扶贫、慈善、社会救助和妇女儿童、老年人、残疾人合法权益保护等方面法律法规，促进保障和改善民生。大力宣传国家安全和公共安全领域的法律法规，提高全民安全意识、风险意识和预防能力。大力宣传国防法律法规，提高全民国防观念，促进国防建设。大力宣传党的民族、宗教政策和相关法律法规，维护民族地区繁荣稳定，促进民族关系、宗教关系和谐。大力宣传环境保护、资源能源节约利用等方面的法律法规，推动美丽中国建设。大力宣传互联网领域的法律法规，教育引导网民依法规范网络行为，促进形成网络空间良好秩序。大力宣传诉讼、行政复议、仲裁、调解、信访等方面的法律法规，引导群众依法表达诉求、维护权利，促进社会和谐稳定。在传播法律知识的同时，更加注重弘扬法治精神、培育法治理念、树立法治意识，大力宣传宪法法律至上、法律面前人人平等、权由法定、权依法使等基本法治理念，破除"法不责众"、"人情大于国法"等错误认识，引导全民自觉守法、遇事找法、解决问题靠法。

（四）深入学习宣传党内法规。适应全面从严治党、依规治党新形势新要求，切实加大党内法规宣传力度。突出宣传党章，教育引导广大党员尊崇党章，以党章为根本遵循，坚决维护党章权威。大力宣传《中国共产党廉洁自律准则》、《中国共产党纪律处分条例》等各项党内法规，注重党内法规宣传与国家法律宣传的衔接和协调，坚持纪在法前、纪严于法，把纪律和规矩挺在前面，教育引导广大党员做党章党规党纪和国家法律的自觉尊崇者、模范遵守者、坚定捍卫者。

（五）推进社会主义法治文化建设。以宣传法律知识、弘扬法治精神、推动法治实践为主旨，积极推进社会主义法治文化建设，充分发挥法治文化的引领、熏陶作用，使人民内心拥护和真诚信仰法律。把法治文化建设纳入现代公共文化服务体系，推动法治文化与地方文化、行业文化、企业文化融合发展。繁荣法治文化作品创作推广，把法治文化作品纳入各级文化作品评奖内容，纳入艺术、出版扶持和奖励基金内容，培育法治文化精品。利用重大纪念日、民族传统节日等契机开展法治文化活动，组织开展法治文艺展演展播、法治文艺演出下基层等活动，满足人民群众日益增长的法治文化需求。把法治元素纳入城乡建设规划设计，加强基层法治文化公共设施建设。

（六）推进多层次多领域依法治理。坚持法治宣传教育与法治实践相结合，把法律条文变成引导、保障经济社会发展的基本规则，深化基层组织和部门、行业依法治理，深化法治城市、法治县（市、区）等法治创建活动，提高社会治理法治化水平。深入开展民主法治示范村（社区）创建，进一步探索乡村（社区）法律顾问制度，教育引导基层群众自我约束、自我管理。发挥市民公约、乡规民约、行业规章、团体章程等社会规范在社会治理中的积极作用，支持行业协会商会类社会组织发挥行业自律和专业服务功能，发挥社会组织对其成员的行为导引、规则约束、权益维护作用。

（七）推进法治教育与道德教育相结合。坚持依法治国和以德治国相结合的基本原则，以法治体现道德理念，以道德滋养法治精神，促进实现法律和道德相辅相成、法治和德治相得益彰。大力弘扬社会主义核心价值观，弘扬中华传统美德，培育社会公德、职业道德、家庭美德、个人品德，提高全民族思想道德水平，为全面依法治国创造良好人文环境。强化规则意识，倡导契约精神，弘扬公序良俗，引导人们自觉履行法定义务、社会责任、家庭责任。发挥法治在解决道德领域突出问题中的作用，健全公民和组织守法信用记录，完善守法诚信褒奖机制和违法失信行为惩戒机制。

三、对象和要求

法治宣传教育的对象是一切有接受教育能力的公民，重点是领导干部和青少年。

坚持把领导干部带头学法、模范守法作为树立法治意识的关键。完善国家工作人员学法用法制度，把宪法法律和党内法规列入党委（党组）中心组学习内容，列为党校、行政学院、干部学院、社会主义学院必修课；把法治教育纳入干部教育培训总体规划，纳入国家工作人员初任培训、任职培训的必训内容，在其他各类培训课程中融入法治教育内容，保证法治培训课时数量和培训质量，切实提高领导干部运用法治思维和法治方式深化改革、推动发展、化解矛盾、维护稳定的能力。加强党章和党内法规学习教育，引导党员领导干部增强党章党规党纪意识，严守政治纪律和政治规矩，在廉洁自律上追求高标准，自觉远离违纪红线。健全日常学法制度，创新学法形式，拓宽学法渠道。健全完善重大决策合法性审查机制，积极推行法律顾问制度，各级党政机关和人民团体普遍设立公职律师，企业可设立公司律师。把尊法学法守法用法情况作为考核领导班子和领导干部的重要内容。把法治观念强不强、法治素养好不好作为衡量干部德才的重要标准，把能不能遵守法律、依法办事作为考察干部的重要内容。

坚持从青少年抓起。切实把法治教育纳入国民教育体系，制定和实施青少年法治教育大纲，在中小学设立法治知识课程，确保在校学生都能得到基本法治知识教育。完善中小学法治课教材体系，编写法治教育教材、读本，地方可将其纳入地方课程义务教育免费教科书范围，在小学普及宪法基本常识，在中、高考中增加法治知识内容，使青少年从小树立宪法意识和国家意识。将法治教育纳入"中小学幼儿园教师国家级培训计划"，加强法治课教师、分管法治教育副校长、法治辅导员培训。充分利用第二课堂和社会实践活动开展青少年法治教育，在开学第一课、毕业仪式中有机融入法治教育内容。加强对高等院校学生的法治教育，增强其法治观念和参与法治实践的能力。强化学校、家庭、社会"三位一体"的青少年法治教育格局，加强青少年法治教育实践基地建设和网络建设。

各地区各部门要根据实际需要，从不同群体的特点出发，因地制宜开展有特色的法治宣传教育。突出加强对企业经营管理人员的法治宣传教育，引导他们树立诚信守法、爱国敬业意识，提高依法经营、依法管理能力。加强对农民工等群体的法治宣传教育，帮助、引导他们依法维权，自觉运用法律手段解决矛盾纠纷。

四、工作措施

第七个法治宣传教育五年规划从2016年开始实施，至2020年结束。各地区各部门要根据本规划，认真制定本地区本部门规划，深入宣传发动，全面组织实施，确保第七个五年法治宣传教育规划各项目标任务落到实处。

（一）健全普法宣传教育机制。各级党委和政府要加强对普法工作的领导，宣传、文化、教育部门和人民团体要在普法教育中发挥职能作用。把法治教育纳入精神文明创建内容，开展群众性法治文化活动。人民团体、社会组织要在法治宣传教育中发挥积极作用，健全完善普法协调协作机制，根据各自特点和实际需要，有针对性地组织开展法治宣传教育活动。积极动员社会力量开展法治宣传教育，加强各级普法讲师团建设，选聘优秀法律和党内法规人才充实普法讲师团队伍，组织开展专题法治宣讲活动，充分发挥讲师团在普法工作中的重要作用。鼓励引导司法和行政执法人员、法律服务人员、大专院校法律专业师生加入普法志愿者队伍，畅通志愿者服务渠道，健全完善管理制度，培育一批普法志愿者优秀团队和品牌活动，提高志愿者普法宣传水平。加强工作考核评估，建立健全法治宣传教育工作考评指导标准和指标体系，完善考核办法和机制，注重考核结果的运用。健全激励机制，认真开展"七五"普法中期检查和总结验收，加强法治宣传教育先进集体、先进个人表彰工作。围绕贯彻中央关于法治宣传教育的总体部署，健全法治宣传教育工作基础制度，加强地方法治宣传教育条例制定和修订工作，制定国家法治宣传教育法。

（二）健全普法责任制。实行国家机关"谁执法谁普法"的普法责任制，建立普法责任清单制度。建立法官、检察官、行政执法人员、律师等以案释法制度，在执法司法实践中广泛开展以案释法和警示教育，使案件审判、行政执法、纠纷调解和法律服务的过程成为向群众弘扬法治精神的过程。加强司法、行政执法案例整理编辑工作，推动相关部门面向社会公众建立司法、行政执法典型案例发布制度。落实"谁主管谁负责"的普法责任，各行业、各单位要在管理、服务过程中，结合行业特点和特定群体的法律需求，开展法治宣传教育。健全媒体公益普法制度，广播电视、报纸期刊、互联网和手机媒体等大众传媒要自觉履行普法责任，在重要版面、重要时段制作刊播普法公益广告，开设法治讲堂，针对社会热点和典型案（事）例开展及时权威的法律解读，积极引导社会法治风尚。各级党组织要坚持全面从严治党、依规治党，切实履行学习宣传党内法规的职责，把党内法规作为学习型党组织建设的重要内容，充分发挥正面典型倡导和反面案例警示作用，为党内法规的贯彻实施营造良好氛围。

（三）推进法治宣传教育工作创新。创新工作理念，坚持服务党和国家工作大局、服务人民群众生产生活，努力培育全社会法治信仰，增强法治宣传教育工作实效。针对受众心理，创新方式方法，坚持集中法治宣传教育与经常性法治宣传教育相结合，深化法律进机关、进乡村、进社区、进学校、进企业、进单位的"法律六进"主题活动，完善工作标准，建立长效机制。创新载体阵地，充分利用广场、公园等公共场所开展法治宣传教育，有条件的地方建设宪法法律教育中心。在政府机关、社会服务机构的服务大厅和服务窗口增加法治宣传教育功能。积极运用公共活动场所电子显示屏、服务窗口触摸屏、公交移动电视屏、手机屏等，推送法治宣传教育内容。充分运用互联网传播平台，加强新媒体新技术在普法中的运用，推进"互联网＋法治宣传"行动。开展新媒体普法益民服务，组织新闻网络开展普法宣传，更好地运用微信、微博、微电影、客户端开展普法活动。加强普法网站和普法网络集群建设，建设法治宣传教育云平台，实现法治宣传教育公共数据资源开放和共享。适应我国对外开放新格局，加强对外法治宣传工作。

五、组织领导

（一）**切实加强领导**。各级党委和政府要把法治宣传教育纳入当地经济社会发展规划，定期听取法治宣传教育工作情况汇报，及时研究解决工作中的重大问题，把法治宣传教育纳入综合绩效考核、综治考核和文明创建考核内容。各级人大要加强对法治宣传教育工作的日常监督和专项检查。健全完善党委领导、人大监督、政府实施的法治宣传教育工作领导体制，加强各级法治宣传教育工作组织机构建设。高度重视基层法治宣传教育队伍建设，切实解决人员配备、基本待遇、工作条件等方面的实际问题。

（二）**加强工作指导**。各级法治宣传教育领导小组每年要将法治宣传教育工作情况向党委（党组）报告，并报上级法治宣传教育工作领导小组。加强沟通协调，充分调动各相关部门的积极性，发挥各自优势，形成推进法治宣传教育工作创新发展的合力。结合各地区各部门工作实际，分析不同地区、不同对象的法律需求，区别对待、分类指导，不断增强法治宣传教育的针对性。坚持问题导向，深入基层、深入群众调查研究，积极解决问题，努力推进工作。认真总结推广各地区各部门开展法治宣传教育的好经验、好做法，充分发挥先进典型的示范和带动作用，推进法治宣传教育不断深入。

（三）**加强经费保障**。各地区要把法治宣传教育相关工作经费纳入本级财政预算，切实予以保障，并建立动态调整机制。把法治宣传教育列入政府购买服务指导性目录。积极利用社会资金开展法治宣传教育。

中国人民解放军和中国人民武装警察部队的第七个五年法治宣传教育工作，参照本规划进行安排部署。

全国人民代表大会常务委员会
关于开展第七个五年法治宣传教育的决议

（2016年4月28日第十二届全国人民代表大会常务委员会第二十次会议通过）

2011年至2015年，我国法制宣传教育第六个五年规划顺利实施，法治宣传教育在服务经济社会发展、维护社会和谐稳定、建设社会主义法治国家中发挥了重要作用。为深入学习宣传习近平总书记关于全面依法治国的重要论述，全面推进依法治国，顺利实施"十三五"规划，全面建成小康社会，推动全体公民自觉尊法学法守法用法，推进国家治理体系和治理能力现代化建设，从2016年至2020年在全体公民中开展第七个五年法治宣传教育，十分必要。通过开展第七个五年法治宣传教育，使全社会法治观念明显增强，法治思维和依法办事能力明显提高，形成崇尚法治的社会氛围。特作决议如下：

一、突出学习宣传宪法。坚持把学习宣传宪法摆在首要位置，在全社会普遍开展宪法宣传教育，重点学习宣传宪法确立的我国的国体、政体、基本政治制度、基本经济制度、公民的基本权利和义务等内容，弘扬宪法精神，树立宪法权威。实行宪法宣誓制度，组织国家工作人员在宪法宣誓前专题学习宪法。组织开展"12·4"国家宪法日集中宣传活动，教育引导一切组织和个人以宪法为根本活动准则。

二、深入学习宣传国家基本法律。坚持把学习宣传宪法相关法、民法商法、行政法、经济法、社会法、刑法、诉讼与非诉讼程序法等法律法规的基本知识，作为法治宣传教育的基本任务，结合学习贯彻创新、协调、绿色、开放、共享发展理念，加强对相关法律法规的宣传教育。在全社会树立宪法法律至上、法律面前人人平等、权由法定、权依法使等基本法治理念。

三、推动全民学法守法用法。一切有接受教育能力的公民都要接受法治宣传教育。坚持把全民普法和守法作为依法治国的长期基础性工作，加强农村和少数民族地区法治宣传教育，以群众喜闻乐见、易于接受的方式开展法治宣传教育，引导公民努力学法、自觉守法、遇事找法、解决问题靠法，增强全社会厉行法治的积极性、主动性和自觉性。大力弘扬法治精神，培育法治理念，树立法治意识，共同维护法律的权威和尊严。

四、坚持国家工作人员带头学法守法用法。坚持把各级领导干部带头学法、模范守法、严格执法作为全社会树立法治意识的关键；健全国家工作人员学法用法制度，将法治教育纳入干部教育培训总体规划。坚持把依法办事作为检验国家工作人员学法用法的重要标准，健全重大决策合法性审查机制，推行政府法律顾问制度，推动行政机关依法行政，促进司法机关公正司法。坚持把尊法学法守法用法情况作为考核领导班子和领导干部的重要内容。

五、切实把法治教育纳入国民教育体系。坚持从青少年抓起，制定青少年法治教育大纲，设立法治知识课程，完善法治教材体系，强化学校、家庭、社会"三位一体"的青少年法治教育格局，加强青少年法治教育实践基地建设，增强青少年的法治观念。

六、推进社会主义法治文化建设。把法治文化建设纳入现代公共文化服务体系，繁荣法治文化作品创作推广，广泛开展群众性法治文化活动。大力弘扬社会主义核心价值观，推动法治教育与道德教育相结合，促进法律的规范作用和道德的教化作用相辅相成。健全公民和组织守法信用记录，建立和完善学法用法先进集体、先进个人宣传表彰制度。

七、推进多层次多领域依法治理。坚持法治宣传教育与法治实践相结合，把法律规定变成引领保障经济社会发展的基本规范。深化基层组织和部门、行业依法治理，深入开展法治城市、法治县（市、区）、民主法治示范村（社区）等法治创建活动，提高社会治理法治化水平。

八、推进法治宣传教育创新。遵循现代传播规律，推进法治宣传教育工作理念、方式方法、载体阵地和体制机制等创新。结合不同地区、不同时期、不同群体的特点和需求，分类实施法治宣传教育，提高法治宣传教育的针对性和实效性，力戒形式主义。充分发挥报刊、广播、电视和新媒体新技术等在普法中的作用，推进互联网＋法治宣传教育行动。建立法官、检察官、行政执法人员、律师等以案释法制度，充分运用典型案例，结合社会热点，开展生动直观的法治宣传教育。加强法治宣传教育志愿者队伍建设。深化法律进机关、进乡村、进社区、进学校、进企业、进单位等活动。

九、健全普法责任制。一切国家机关和武装力量、各政党和各人民团体、企业事业组织和其他社会组织都要高度重视法治宣传教育工作，按照"谁主管谁负责"的原则，认真履行普法责任。实行国家机关"谁执法谁普法"的普法责任制，建立普法责任清单制度。健全媒体公益普法制度，落实各类媒体的普法责任，在重要频道、重要版面、重要时段开展公益普法。把法治宣传教育纳入当地经济社会发展规划，进一步健全完善党委领导、人大监督、政府实施、部门各负其责、全社会共同参与的法治宣传教育工作体制机制。

十、加强组织实施和监督检查。各级人民政府要积极开展第七个五年法治宣传教育工作，强化工作保障，做好中期检查和终期评估，并向本级人民代表大会常务委员会报告。各级人民代表大会及其常务委员会要充分运用执法检查、听取和审议工作报告以及代表视察、专题调研等形式，加强对法治宣传教育工作的监督检查，保证本决议得到贯彻落实。